हर कविता कुछ कहती है

कविता-संग्रह

हर कविता कुछ कहती है

कल्पना वर्मा

लोकभारती प्रकाशन

लोकभारती प्रकाशन
पहली मंजिल, दरबारी बिल्डिंग, महात्मा गांधी मार्ग
प्रयागराज-211 001
वेबसाइट : www.lokbhartiprakashan.com
ईमेल : info@lokbhartiprakashan.com

शाखाएँ : 1-बी, नेताजी सुभाष मार्ग, दरियागंज
नई दिल्ली-110 002
अशोक राजपथ, साइंस कॉलेज के सामने
पटना-800 006
1, अनमोल सोराबजी सन्तुक लेन, मरीन लाइंस
मुम्बई-400002

प्रथम संस्करण : 2024

ग्राफिक ऑफसेट
प्रयागराज द्वारा मुद्रित

HAR KAVITA KUCHH KAHTI HAI
by Kalpana Verma

ISBN : 978-81-975096-1-2

मूल्य: ₹ 425

जीवन पथ के पाथेय
प्रिय रवि को
सजल समर्पित

अनुक्रम

अपनी बात

सोशल मीडिया के चलते इन दिनों एक जुमला बड़ी तेजी से वायरल हुआ है कि जो रचता है वही बसता है और जो बिकता है वही दिखता है। बिकना और दिखना वाले अंश को छोड़ दें तब भी रचना और बसना वाला मुहावरा लेखन और लेखक दोनों के लिए चुनौती से भरा है। जीवन में हम प्रतिक्षण अनुभवों के वेग से गुजरते हैं। उनकी तासीर जब मन-बुद्धि को घेर लेती है तब लेखनी चल पड़ती है। अपने अनुभवों को संघर्ष के साथ प्रमाणित करता हुआ लेखक रचनाकार आगे बढ़ता है। कई बार विचार बहुत होते हैं पर कुछ बनता नहीं है और कई बार एक ही विचारोत्तेजना से संरचना घटित हो जाती है। संरचना तक पहुँचनेवाले पाठक उसके निर्णायक होते हैं। यहाँ स्थायित्व का प्रतिमान काम करता है। अच्छा साहित्य दीर्घकालिक होता है। इतिहास साक्षी है कि कालजयी रचनाओं को प्रारम्भ में पाठक कम मिले, बाद में जाकर लोकप्रियता मिली। चन्द्रकान्ता सन्तति के उदाहरण से देखें तो पाठकों की बड़ी संख्या होने के बावजूद आज वह पीछे है और दूसरी ओर प्रेमचन्द पढ़े, सराहे जा रहे हैं, शोध हेतु विषयगत सरोकारों के केन्द्र में हैं।

आशय यह है कि यदि रचनाकार रच रहा है, लेकिन दिख नहीं रहा है तो उसे हीनताबोध नहीं होना चाहिए और न ही उसका अंकन कम होना चाहिए। यदि वह बसने का काम कर रहा है तो कहीं न कहीं प्रतिबिम्बित अवश्य होगा। यह भी देखा गया है कि जिस रचनाकार को प्रमोटर मिल जाता है वह तेजी से बिकने और दिखने लगता है। यह प्रमोट करने का काम पहले सम्पादक या प्रकाशक करते थे, फिर आलोचना इसका माध्यम बनी। अब तो पुरस्कारों का अभियान चल रहा है। यह मेरा एक विचार हो सकता है क्योंकि बहुत से रचनाकार पहुँच की कमी के कारण सामने नहीं आ पाते। सीमा और संकोच के घेरे को तोड़ना उनके लिए आसान नहीं होता।

लिखा बहुत जा रहा है। विमर्शों का पूरा दौर ही है। स्त्री-दलित-आदिवासी-प्रवासी-किन्नर से लेकर स्वाधीनता तक विमर्श के केन्द्र में हैं। कहानी, कविता, निबन्ध, आलोचना सभी जगहों पर लेखकीय दखल बढ़ रहा है पर पढ़ा कितना जा रहा है इस पर एक बड़ा सा प्रश्नचिह्न है। समझने पर भी संकट है। फिर भी जिस प्रकार का साहित्य सामने है वह सभी मनोवेगों के परिष्कार के लिए संजीवनी बनेगा या नहीं । यह देखना है। साहित्य चरित्र निर्माण के प्रति सजग और नैतिक मूल्यों का वाहक हो इसकी चिन्ता प्रत्येक साहित्य-साधक की चिन्ता है। एक सहृदय लेखक बदलते हुए परिवेश में ठहराव और परिवर्तन के साथ विकास चाहता है। जिस प्रकार ज्ञान की कोई सरहद नहीं होती उसी प्रकार साहित्य भी सरहदों से परे है। वह प्रकाश है जो हर दिशा में फैलता है साथ ही जल भी है जो हर तरह के पात्र में समा जाता है। जमता भी है और वाष्पित भी होता है।

सुधी लेखक भाषा और साहित्य के समावेशी रूप को लेकर आगे बढ़ता है। उसकी प्रतिबद्धता वैश्विक होती है न कि एकदेशीय। ज्ञान क्रान्ति, शब्दों का सिमटता संसार, आर्टीफिशियल इंटेलीजेन्स जैसे संक्रमण उसे आतंकित कर देते हैं। वह तकनीक का सहारा तो लेता है पर तकनीक के अनपेक्षित अधिग्रहण से परेशान भी होता है। अल्फा जेनेरेशन की पैदाइश उनकी रचनात्मकता को प्रभावित करती है। अपने लेखन से रचनाकार सृजन करता है और सृजन की परम्परा को बचाता भी है। इसलिए लेखकीय ईमानदारी इसमें है कि रचनाकार अपनी रचनाओं में अपने समय को निर्भीकता के साथ दर्ज करे। भाषा के भीतर से भाषातीत को सम्प्रेषित करे। इसे शब्दचित्र रेखांकित करते हैं हाँ सन्दर्भ स्वयं ग्रहण करना होता है। यह भी कहा जा सकता है कि लिखने से पहले साहित्य लेखक का होता है। भाषा से बाहर आने के बाद वह किसी व्यक्ति-विशेष का नहीं रह जाता। अत: लेखकीय सजगता और सावधानी दोनों अपेक्षित है।

इस काव्य-संग्रह के आकार लेने तक मैंने अपने जीवन के बहुत से रंगों को देख लिया है। जीवन को जितना समझा है वह पर्याप्त नहीं है। हम एक पड़ाव तक गृहस्थी जुटाते हैं। बच्चे और परिवार केन्द्र में होते हैं। फिर बच्चे बड़े होकर सेटल हो जाते हैं तो धुरी हिल जाती है। परिवार वही नहीं रहता। जब बच्चों को केन्द्रीय भूमिका में रखना कठिन हो जाता है तब दूसरा पड़ाव आता है। यहाँ से जो डगर निकलती है वह नितान्त

अप्रत्याशित है। फिर अब तक के सफर में मैं स्वयं को वहाँ पाती हूँ जहाँ से मैंने बच्चों को माता-पिता बनते और माता-पिता को बच्चा होते देखा है। सुना था कि यह दूसरा पड़ाव खुद को समय देने का, स्वयं के लिए कुछ करने का होता है। मैं सोचती हूँ कि अब तक जो किया या घटा क्या वह मेरा नहीं था। इस उधेड़बुन में लेखन की धारा शान्त नहीं हुई थी। अध्यापकीय दायित्व पूरा हो चुका था। परिवार के दायित्व में भी शिथिलता आ गई थी। इसलिए मैंने अपनी ऊर्जा इस संग्रह को रूप देने में लगा दी। एक समर्पण भाव माँ सरस्वती के लिए उपजा। चार पंक्तियों में 'चलते चलते' विचारों की श्रृंखला सिमटने लगी। रिश्ते, समाज, प्रेम, कोविड-19 का समय, देश जैसे बड़े विषयों पर ध्यान गया। फिर शब्दों से कुछ भी कहलवा लेने के आनन्द ने मुझे गति प्रदान की। पड़ाव कोई भी हो, मोड़ कहीं भी मुड़े, हृदय और बुद्धि को स्पर्श करने की ताकत समयातीत होती है। मस्तिष्क को उसकी खुराक मिल जाने पर जो सुख मिलता है वह अनिर्वचनीय है। कड़ी से कड़ी जोड़कर संग्रह की श्रृंखला पूरी हुई। इसके लिए मैं अपने परिवार के प्रति आभारी हूँ। जिन्होंने मुझे इतनी स्पेस दी कि मैं कुछ कर सकूँ। अपने प्रकाशक के सहयोग से अभिव्यक्तियों को पुस्तकाकार मिला यह भी सुयोग है। इस हेतु लोकभारती प्रकाशन को साधुवाद। प्रो. कुमार वीरेन्द्र हिन्दी विभाग, इलाहाबाद विश्वविद्यालय के प्रति आभार प्रकट करती हूँ, जिन्होंने मेरे आग्रह पर सहर्ष प्रथम पाठक बनना स्वीकार किया। मेरी कविताओं को अपनी नज़र से देखकर शब्द बद्ध कर दिया। आपके मूल्यांकन से संग्रह का कद निश्चित रूप से बढ़ा है। मेरे पाठकों को कविताओं का स्पर्श कैसा लगा इसके उत्तर की प्रतीक्षा रहेगी। यदि संग्रह का एकांश भी आपको भिगो सका तो इसमें मेरी ही सफलता है।

—कल्पना वर्मा

अनुभव की ताकत के बूते हर कविता कुछ न कुछ तो कहती है

कल्पना वर्मा लगातार लिख रही हैं। गद्य और पद्य दोनों में इनकी रचनात्मक गति देखी-सराही जा रही है। इस संग्रह में लगभग छह दर्जन कविताएँ हैं, कुछ में भावना का आवेग है, कुछ में अनुभूति की सघनता है, कुछ में चेतना का प्रवाह है, कुछ में निश्छल उदासी है तो कुछ में आत्मीयता का समुच्चय।

कल्पना वर्मा ने इस संग्रह की कविताओं के माध्यम से कभी-कभी प्रश्न खड़े किए हैं और कहीं-कहीं विमर्श भी। प्रश्न और विमर्श के बीच एहसास के तन्तु हैं। कर्मशील सदस्य का साँझ-सकारे घर में होना, गृहस्थ जीवन के उसूलों में शामिल है और घर में न होना यादों की चुभन में तब्दील हो जाना है। ऐसी यादों की एक सगी चादर होती है, जो तमाम एहसासातों की संगी होती है। कल्पना जी के पास भी यादों की एक चादर है, पर 'यादों की चादर अभी धोई नहीं है'। सम्भव है कि धोने से यादों की छुअन भी धुल जाए, इसलिए जतन का यह भाव स्वाभाविक है। हर कोई इसी जतन के लिए प्रयत्नशील है। यह ठीक है कि अब 'छुअन बन गई है चुभन धीरे-धीरे'। इस एहसास के जिन्दा रहने से ही कविता फूटती है, पीड़ा सुलगती है। जीवन-बोध भी इसी में है।

कल्पना वर्मा अकेलेपन को स्वर देना चाहती हैं। 'अकेलापन' शीर्षक कविता में वह लिखती हैं-'किसी के न होने से/नहीं आता/ अकेलापन/आता है/किसी के /होकर न होने से।' होकर न होने में अर्थ की बहुस्तरीयता है, सदृश्यता भी है और अदृश्यता भी। ऐसी सदृश्य-अदृश्यता प्रश्नांकित की जा सकती है। संग्रह की कविता 'कौन हो तुम' में ऐसा प्रश्नांकन देखा जा सकता है 'कौन हो तुम? होकर के होते/न

के बराबर।' होकर न होना खालीपन पैदा करता है, ऐसा खालीपन जो ज़िन्दगी भर अनुभूत होता है-'खालीपन का हिसाब/जब भी किया है/भरने की कोशिश अधूरी रही है।' कई बार तो 'बेमेल आहट/ देह के भीतर/ समा करके भी/ खालीपन को बढ़ाती रही है।' बकौल कवयित्री 'बड़ा ही चक्रवाती है/ जगह का खाली होना।'

कल-आज-कल की चौहद्दी के तमाम सन्दर्भों को समकालीन समय में उलट-पलटकर जाँचना-परखना एक रचनाकार की जिम्मेदारी होती है। इस जिम्मेदारी को कल्पना वर्मा बखूबी समझती हैं, कहती हैं— बोधिसत्व होना/ बात नहीं है सबके बस की। वह ठीक समझती हैं कि आखिर आज का दर्शन क्या है? 'कल के आगे आज/ थका नज़र आता है/ रोजमर्रा के संघर्ष/ रोजी-रोटी की भगदड़/ स्वास्थ्य की चिन्ता/ प्रमाण हैं जिन्दा होने के/इनके साथ जी कर/ कल की बातें छोड़ी नहीं जाती/ यही दर्शन है आज का।' एक घटित सच यह भी है कि 'कल की कहानी में/ सुई की नोक बराबर/ जमीन के लिए/ महाभारत हो जाती है।' समय बलवान है और आलोचक भी। 'एक समय के बाद' अनघटित सा लगने वाला घट्य भी घटित होता है। समय इन सभी की निशानियों को दर्ज करता है। और समय एक समय के बाद किसी का कुछ निजी नहीं रहने देता। इस यथार्थ का अंकन संग्रह की कविता 'एक समय के बाद' में भली भाँति हुआ है।

प्रेम की शाश्वतता, निरन्तरता, अन्तरता आदि जितने जीवन के विषय रहे हैं, उतने ही कविता के भी। हर काल के कवियों ने इनकी संवेदना को रेखांकित किया है। प्रेम अपने सम्पूर्ण चढ़ाव-उतार, धवलता-धूमिलता, मृदुता-कटुता और लय-क्षय के साथ इस संग्रह में मौजूद है। प्यार की निरन्तरता को शब्दांकित करते हुए कल्पना वर्मा कहती हैं-बरसता है/ चुकता नहीं/ बँटता भी नहीं/ रहता है/ एक जरूरत की तरह।'

लेकिन वक्त के बदलाव के साथ रिश्तों में गर्माहट कुछ कम हो रही है। पैसा कुछ इस कदर जीवन में दाखिल हुआ है कि व्यक्तिवादिता बढ़ी है, सामूहिकता घटी है। इसकी पहचान कल्पना वर्मा जी कविता में 'प्यार और पैसा' शीर्षक के अन्तर्गत करती हैं-'देखो तो.../ कौन जीत रहा है?/प्यार? या पैसा?'

कल्पना वर्मा के इस संग्रह की अधिकांश कविताओं में प्रेम-प्यार की रगें हैं, अपनापन की आहटें हैं, भूल-भुलैया की भ्रान्ति है। मतलब

जो जग में जाहिर तौर पर है, वह कल्पना वर्मा की कविता में या तो बिम्बित है या प्रतीकित या संकेतित। वह आग और पानी के खेल के रहस्यों को भी उद्‌घाटित करती हैं। इस उद्‌घाटन की प्रक्रिया में कभी-कभी वह भावनाओं के बहाव में बह जाती हैं। फिर सँभलकर व्यवहार की ठोस जमीन पर दृढ़तापूर्वक खड़ी हो जाती हैं। सच कहने के लिए उन्होंने दृढ़ता को ही सम्बल बनाया है, बल्कि सच-सच कहने के लिए नया मुहावरा भी गढ़ा है, मसलन एक कविता में वह कहती हैं-'पत्थर पर नाम टँकवाने का शौक/ पथराया झूठ है।'

चलन है के नाम पर जो कुछ चल रहा है, क्या वैसा चलना चाहिए? यह सवाल कोई समाज-सजग रचनाकार प्रभावी तरीके से पूछ सकता है। यह तरीका कल्पना वर्मा को मालूम है-उँगलियाँ उठती हैं/ बड़ी आसानी से/ चलन है/ तर्जनी की नोक पर/ शिकार भी करती हैं/ निर्दोष का अक्सर / चलन है।'

चलन के इस दौर में स्वाभाविक है कि 'इन दिनों/ कम मिलते हैं वे लोग/जो मरहम लगाते हैं/ घाव पर/ नहीं तो कुरेदने खुरचने/ नमक छिड़कने का चलन/ दिख रहा है/ घाव पर।'

बाकियों के लिए स्मृतियों की खिड़की हो सकती है, पर कल्पना वर्मा के लिए स्मृतियों की चौखटे हैं, वह भी बिना दरवाजों की ताकि बिना इजाजत आवाजाही की सुगमता कायम रह सके। स्मृतियाँ आती-जाती रहती हैं, बस उन्हें रास्ता भर मिल जाए। स्मृतियों पर तसवीरों की तरह जड़त्व के नियम लागू नहीं होते। इसलिए कल्पना जी की बात स्वीकार्य है कि स्मृतियों को 'हवा की तरह/बारिश की तरह/रोकना बेकार है।'

कल्पना जी की चिन्ता वाजिब है कि जब लोग परेशानी में होते हैं तो कुछ लोग परेशानी में भी अवसर तलाश लेते हैं। कोरोना-वायरस से प्रभावित करुणा-काल के अनुभवों को कल्पना जी 'लोग परेशान हैं' शीर्षक कविता में साझा करती हैं-'बहुत से तो अवसर को भून-भून खा रहे।'

कल्पना वर्मा की कविता में किसान, कछुआ, दाल, आजादी, सिहरन, प्रेम, परेशानी सभी के लिए जगह है। उनके लिए भी जगहें हैं, जो दूसरों की जगहों को अतिक्रमित कर अपनी-अपनी जगहें बनाये हुये हैं। कल्पना जी जब 'दाल पर निबन्ध' लिखने बैठती हैं तो ऐसी जगहों

की पहचान सार्वजनिक करती है-'गरीब की दाल/ अमीर की दाल।'

आदमी की जात है तो एक ही, पर परिस्थितियाँ उसके एका में खलल डालती हैं। कल्पना जी 'चार दृश्य' के माध्यम से भिखारी, मजदूर, मध्यवर्गीय आदमी और बड़े आदमी का रेखांकन, शब्दांकन करती हैं, पर चारों के अन्तिम सत्य को चिह्नित करती हैं-'चला गया एक दिन/ सब छोड़कर यहीं/ खाली हाथ खुले हाथ।

चूँकि कल्पना जी में संवेदनशीलता का अनुपात अधिक है, इसलिए आजादी की पचहत्तरवीं वर्षगाँठ पर वह इतराती तो हैं पर प्रश्नांकन के साथ, संशय के साथ-'त्रेता से शुरू हुआ सीता-हरण/ खतम नहीं हो रहा/ सोने की लंका खोकर भी रावण नहीं थम रहा/द्वापर का जन्मा कंस/ अब भी मरा नहीं है।'

समय के दो ध्रुवों के बीच कल्पना जी समय की हलचलों को पकड़ती हैं, 'कमबख्त समय' और 'वक्त ही तो है' शीर्षक कविताएँ उनके इस कौशल का पता देती हैं।

'बूँद भी छलकती है' शीर्षक कविता अपनी व्यंजना में बेजोड़ है। यह हर अवस्था की कर्मण्यता-अकर्मण्यता को सन्दर्भित करती है।

इस संग्रह की 'हर कविता/ कुछ न कुछ तो कहती है' शब्दों-वाक्यों के हर ककहरे से परिचित कल्पना वर्मा अनुभवों की ताक़त और भावनाओं की उथल-पुथल के बूते अपना काव्य-संसार सिरजने में सफल रही हैं।

—प्रो. कुमार वीरेन्द्र

कविता के कारखाने में

सुना था
कविता लय है
संगीत है साहित्य है
छन्द है छन्दमुक्ति भी है
तुक है तो अतुकान्त भी है
सृजन का हास्य है
रुदन का लास्य है
सहृदय की भावना है
समाज की संवेदना है
सुगन्ध है ताजगी है
लेखनी की बन्दगी है।
इसके आगे की कहानी में पढ़ा था
कवि धूल मिट्टी हवा में कवितापन सूँघ लेता है
बिना थके सागर झील नदी तैर लेता है
ऊँचा उड़ता है नीचे धँसता है
जहाँ न जाए रवि वहाँ जाए कवि
ऐसा मुहावरा गढ़ लेता है
साहित्य को समाज का दर्पण कहता है
और अपना आईना हमेशा साफ रखता है।
फिर मैंने पाया कविता को

अलग-अलग शेड्स में
सिंकते-पकते धिकते-जलते भुनते-सुलगते
सिसकते-चहकते महकते-गमकते
इन्हीं के बीच से पैदा हुई थी समझ
प्रवेश किया मैंने कविता के कारखाने में
वहाँ देखा
पूरा ककहरा बिखरा हुआ है
शब्दों वाक्यों के अलग-अलग साँचे हैं
बहुतेरे मंच हैं ढेरों उनके खाँचे हैं।
कारीगरी चल रही है
कारीगर अपनी-अपनी छेनी से कविता को तराश रहे हैं
हथौड़ी की चोट से ठुकठुका रहे हैं
पैनी धार के लिए चोटिल बना रहे हैं
एक ओर कबीर की प्रासंगिकता तलाशी जा रही है
दूसरी ओर उत्तर-आधुनिकता पाँव पसार रही है
कंटेम्परेरी में जंग छिड़ी है
कविता उत्तराधिकारियों के घोषणापत्रों को खँगाल रही है
बिहारी ने कवित्त रस के लिए अनबूड़े बूड़े का भाव दिया था
डूबकर तर जाने में परमानन्द स्वीकार किया था
आज डिपोजिबल का जमाना है
यूज एंड थ्रो कलचर कुछ अलग ही बता रहा है
सोशल मीडिया रसदशा की प्राप्ति करा रहा है।
कविता कामिनी का युग विगत की बात है
दौर है विमर्शों का
स्वानुभूति और सहानुभूति की परिभाषाएँ बन गई हैं
स्त्री और पुरुष के लेखन का संसार तन गया है

अपनी स्पेस में स्त्री देह के साथ मौजूद है
दलित और आदिवासियों का संरक्षित वजूद है
लोग बेचैन हैं फ्रेम में फिट होने की कशमकश से
जूझ रहे हैं मिसफिट होने के खतरे की आहट से
जान लिया है सबने शायद यह सच
पुलों के संजाल से वे नहीं सकते हैं बच
पुराने पुलों ने जब भी मरम्मत की ज्यादा गुहार की है
प्रथा बन गई है उनके बराबर नया पुल खड़ा करने की
इसलिए बाढ़ आ गई है नए-अति नए की।
गजब सी होड़ा-होड़ी के बीच चली लेखनी
अकसर उदास हो जाती है
तनाव के दर्द से गुजरना
आतंक की पीड़ा से निपटना
कतरनों को कुतरना
पैबन्दों को सम्हालना
आदत में डाल लिया है फिर भी
अनुभवों की ताकत
भावनाओं की उथल-पुथल
पूरी नहीं पड़ती है
काल की गवाही से हुए फैसले में
हर कविता कुछ कहती है।

तुम बहुत याद आये

स्याह हुआ जीवन सफेदी के साये
आज फिर तुम बहुत याद आये।
चारों तरफ घिरा है अँधेरा
सूनी सड़कों पर सन्नाटा पसरा
वैसे ही उस दिन जो आया था खतरा
स्याह हुआ जीवन निराशा के साये
आज फिर तुम बहुत याद आये।
तुममें बसे थे मेरे चारों धाम
किसी से नहीं था मेरा कोई काम
मगर फिर आई अचानक वह शाम
स्याह हुआ जीवन अँधेरे के साये
आज फिर तुम बहुत याद आये।
बचा था सभी कुछ इर्द-गिर्द हमारे
बस तुम्हीं नहीं मिलते सांझ-सकारे
बदला हुआ मौसम रोशनाई बिखेरे
स्याह हुआ जीवन उदासी के साये
आज फिर तुम बहुत याद आये।
तपती आँखों में सिसकती मुस्कान
तपस्वी का चेहरा बन गई पहचान

कैसे हुए तुम इन सबसे अनजान
स्याह हुआ जीवन जुदाई के साये
आज फिर तुम बहुत याद आये।
होकर भी तुम सा कोई नहीं है
तुम्हारे बिना साँसें सोई नहीं हैं
यादों की चादर अभी धोई नहीं है
स्याह हुआ जीवन विदाई के साये
आज फिर तुम बहुत याद आये।

अहसास

जगह ढूँढ़ते हैं तुम्हारे जहाँ में
मगह वह दिखाई देती नहीं है
छुअन बन गई है चुभन धीरे-धीरे
मगर वह दिखाई देती नहीं है
रिश्तों की बारीकियाँ छान ली हैं
मगर वह दिखाई देती नहीं है
हवा ने दम तोड़ा आँधी होकर के
मगर वह दिखाई देती नहीं है
बिलखती है धारा समन्दर के भीतर
मगर वह दिखाई देती नहीं है
तड़प जितनी हो गई है देह की कीमत
मगर वह दिखाई देती नहीं है
उलझ गई डोर यादों से तुम्हारी
मगर वह दिखाई देती नहीं है
मन की पतंग उड़ी आकाश जितनी
मगर वह दिखाई देती नहीं है
लुट गई आबरू निगाहों के चलते
मगर वह दिखाई देती नहीं है।

अकेलापन

वह
अकेली नहीं थी
जब कुछ छूटा
भीतर से टूटा।
उम्मीद ने पाने की
लुभाया-सताया
तरस ने अकेला बनाया।
अकेली हुई तब
जब वह आया
अपनापन जताया
बातें कीं
दुनियाभर की
फिर पीछा छुड़ाया।
किसी के न होने से
नहीं आता
अकेलापन
आता है
किसी के
होकर न होने से।
होकर न होना

जीवन भर का रोना है
आँचल भिगोना है।
भीगे आँचल में
बस जाता है यह
ठहरे जल की तरह।
इसलिए
अकेलेपन की हलचल
दिखती नहीं है।

कौन हो तुम

कभी मेरे आगे
कभी मेरे भीतर
नज़र भर दिखे
फिर निगाहों से बाहर
मन ढूँढ़ता
भटकता हर. एक पल
कौन हो तुम?
होकर के होते
न के बराबर
परछाईं सरीखे
धूमिल-श्यामल
पकड़ की अकड़ में
पहुँच से ओझल
कौन हो तुम?

कागज की नाव

बनाकर पहचान
छेड़ दिया खालीपन को
निकल गई
दूसरी राह।
रह गया बीमार मन
पहले से अधिक खाली
देख रहा सूरतें
खालीपन की।
वह शाम
फिर सर्द हो गई है
शायद दिन भर
सुलगती रही है
सोचती
कागज की नाव है वह।
कागज का नाव से
रिश्ता भी नहीं है
चली बिना धार
झेलती-गलती-डूबती
मौन-शान्त-डोलती
बस

एक साथ के लिए।
बचपन के
खेल में
खिलौना बनी थी
एक हाथ के लिए।

होकर न होना

खालीपन का हिसाब
जब भी किया है
भरने की कोशिश
अधूरी रही है।
अनजानी दस्तक ने
भरमाया इतना
बेमेल चाहत
लुभाती रही है।
हो जाता है रुकना
बहुत जरूरी
जिन्दगी अपनी सीमा
जताती रही है।
बेमेल आहट
देह के भीतर
समा करके भी
खालीपन को बढ़ाती रही है।

जगह का खाली होना

किसी की जगह
कोई ले नहीं सकता
सच है।
मगर खतरे भी कम नहीं हैं
अतिक्रमण के।
चाहे-अनचाहे
जाने-अनजाने
कोशिशें चलती हैं
फिट से मिसफिट होने तक
एक फ्रेम वर्क है
जगह का खाली होना।
शून्य तक ले जाता है
शिखर पर चढ़ाता है
अपनों से मिलवाता है
सपनों में घुमाता है
किस्से बनवाता है
हिस्से करवाता है
बड़ा ही चक्रवाती है
जगह का खाली होना।

हम हैं तो सब है

अतीत को
नकार नहीं सकते
वर्तमान से
भाग नहीं सकते
भावी से
बच नहीं सकते
क्योंकि
इन सबके
ऊपर है
हमारा होना।
हम हैं
भूत वर्तमान भविष्य है
शाश्वत सत्य मृत्यु है
फिर भी
हम हैं तभी तो सब है।

जिन्दगी अजब है

क्या अजब है
कहानी जिन्दगी की
आँसू की कदर नहीं
दुख बाँटने के दावेदार
पहचानवाले अजनबी।
भगदड़ और भागदौड़
घेर लेती है चक्रव्यूह सी
अनिवार्य शर्त बनकर
यहाँ रुकती नहीं जिन्दगी
चलती है तनकर।
कुछ रह न जाए बाकी
इम्तिहान भी लेती है
अपनों की क्या कहें
गैरों की पहचान
कर लेती है जिन्दगी।
खौल जाता है
जलने की हद तक
इन्तजार तब भी
धुआँ-धुआँ
खेलती है जिन्दगी।

चेतन से जड़ की ओर

भागते-भागते थक गया
जाना ही नहीं कब भागा था
किस जरूरत के लिए।
नहीं समझा किसी को
अपने से आगे
गलतफहमी पालता रहा
बिना उसके सब ठहर जाएगा।
कमजोरियों को छिपाने का उपक्रम
थी उसकी हँसी
चेहरे के खिंचने पर झुर्रियाँ पड़तीं
आँखों के कोरों पर
ललाट के पोरों पर।
रंग बदलता बात बात पर
वक्त क्या बदला
मनमानी में असमर्थ हो गया
साधने-सधने की दूर
सपाट होकर तदर्थ हो गया।
धड़कनें रुक गईं
अहसास बोध नहीं रहा
अब वह तसवीर है

टँगा है कील के सहारे।
वह उसकी सलीब नहीं है
न ही वह ईसा है
जो उतरेगा लोक मंगल के लिए।
है बस काला-सफेद और रंगीन
बहुतेरे सन्दर्भों को समेटे
जड़ता को लपेटे।

कल-आज-कल

बड़ा आसान है कहना
छोड़ो कल की बातें
कल यानी
बूढ़ों के लिए जवानी
जवानों के लिए बचपन
और बचपन के लिए
पूरा का पूरा जीवन।
कल साथ चलता है
बोझ की तरह
कभी पीठ पर लदकर
कभी सर पर चढ़कर
छूटता नहीं
छोड़ते भी नहीं
बोधिसत्व होना
बात नहीं है सबके बस की।
बुरा कल अच्छे आज में
सुखकारक है
अच्छा कल बुरे आज में
कष्टकारक है
आज बीता तो कल

आनेवाला भी कल
कल-कल की हलचल
चंचल प्रतिपल।
मजाल कि भूलने दे
वर्तमान में जीने दे
डालना था दरिया में
नेकी करके
दरिया तो दूर
बदल गईं निगाहें
बराबर पीछा करती हैं।
आज कल के खेल में
बचपन का खाया
जवानी का कमाया
बुढापे में गँवा दिया
जो कि काम आना था।
कल की कहानी में
सुई की नोक बराबर
जमीन के लिए
महाभारत हो जाती है
भारत की महानता
रण-भूमि में खो जाती है।
गलत पर सही की जीत का जश्न
टलता जाता है
कल के आगे आज
थका नज़र आता है
रोजमर्रा के संघर्ष

रोजी-रोटी की भगदड़
स्वास्थ्य की चिन्ता
प्रमाण हैं जिन्दा होने के
इनके साथ जीकर
कल की बातें
छोड़ी नहीं जातीं
यही दर्शन है आज का।

एक समय के बाद

पत्थर पर लिखा घिस जाता है एक समय के बाद
इबारत धूमिल नज़र आती है एक समय के बाद
आदमी मुसाफिर नहीं रह पाता है एक समय के बाद
दिल की धड़कन रुक जाती है एक समय के बाद
जूझता जज़्बा सिमट जाता है एक समय के बाद
सहनशक्ति वाचाल हो जाती है एक समय के बाद
चलते रहना मंजिल का पता देता है एक समय के बाद
रुकती रोकती राह थका देती है एक समय के बाद
कहन का ताव ठंडा जाता है एक समय के बाद
सुनने की ताकत सहम जाती है एक समय के बाद
दृश्य अदृश्य में घालमेल हो जाता है एक समय के बाद
जीभ लोढ़िया जाती है एक समय के बाद
स्पर्श का सुख पथरा जाता है एक समय के बाद
नाक सूँघने से मना करती है एक समय के बाद
अपना कुछ भी नहीं बचता है एक समय के बाद
जिन्दगी संगत को तरसती है एक समय के बाद
ज्ञानी बहुत हैं, फलसफे बहुत हैं सब के अपने
सब यहीं धरा रह जाता है एक समय के बाद।

दूसरी पाली

अवकाश प्राप्ति कहें
सेवा निवृत्ति कहें,
या कहें रिटायरमेंट
कुछ भी होता नहीं है परमानेंट
हमारा भी आया वह दिन
जब हम रिटायर हुए।
सेवा काल के पहले दिन से
तय हो गया था निवृत्ति का तामझाम
ठीक उसी तरह जैसे
जन्म के साथ जुड़ा रहता हैं मृत्यु का नाम।
सुनते थे रिटायरमेंट
नए अध्याय की तैयारी है
देखा कि अपने लिए
कुर्सी सबको प्यारी है।
पद की चाह, सत्ता का मोह
छलकने लगा सबका
हमारी जगह खाली होने की आहट पर।
मजे की बात यह कि
जिस जगह को अपना माना
दिये अपने सर्वश्रेष्ठ बसन्त

उस कार्य क्षेत्र के लिए हुए हम दिगन्त।
पुराना छूट गया
नया पास आया नहीं
अन्तरिक्ष का फैलाव था बस
और वक्त ठहर गया।
फिल्टर होकर कुछ बने रहे
बाकी सहकर्मी छूट गए
साथ होने के वादे टूट गए।
बीती ताहि बिसार दे की नीति चुनी
आगे की सुधि लेय की रीति बुनी
और हम मुड़ गए।
आगे लेखन का संसार मिला
संगीत का व्यवहार मिला
समाज सेवा का द्वारा खुला था
जीवन के विस्तार मिला।
प्रारम्भ हो गई दूसरी पाली
अपने रंग की अपने ढंग की
अलग अनोखी निराली
कहीं सूरज की लाली
कहीं रात सी काली
आत्म चिन्तन आत्म बन्धन
आत्म अनुशासन से भरी
धार धार निर्झरी
सदाबहार वल्लरी।

प्रेम-कविता

जो दिख जाए वह प्यार नहीं है
जो छिप जाए वह प्यार नहीं है
बड़ा कठिन है समझना-समझाना
ढाई अक्षर में निभता
यह प्यार नहीं है।
बस जाए कोई मन में
न जाए कहीं तन से
अगर यह प्यार है
तो वह आज भी वहीं है
मौन, स्थिर, शान्त
अस्वाभाविक सा।
मिलता है प्यार अनेक बार
स्पर्श में
आँखों से
होंठों से
हाथों से भी
सुनाई देता है
स्वरों के कम्पन में
यहाँ तक कि
उबाल में नाराज़गी के।

महसूस होता है प्यार
ज़िद में
बात बात में
बिना बात में
अनबोलार में
शून्य में
अन्तहीन
सीमाविहीन।
प्यार सोखा है मैंने
वहाँ से जहाँ
प्यार चिन्ता है
परवाह है
परमार्थ है
त्याग है
संगीत भरा राग है।
माता-पिता से पाकर
माता-पिता होकर
यह प्यार शून्य हो जाता है
बरसता है
चुकता नहीं
बँटता भी नहीं
रहता है
एक जरूरत की तरह।

प्यार और पैसा

देखो तो...
कौन जीत रहा है
प्यार? या पैसा?
अरे...
प्यार बचा है
उसका कारण है पैसा
वरना
सब बीत रहा है।
पुरानी बात है
थामा था हाथ
निभाने को साथ
किया था वादा
न कम, न जियादा
बाजी मार गया रुपया
बच गया वाकया।
पैसे और प्यार की जंग
युग-युग की कहानी है
जो जिसमें जैसे जीते
यह उसी की जुबानी है।
हम आपके हैं कौन

वाली स्टाइल है
पॉकेट में क्रेडिटकार्ड
हाथ में मोबाइल है
यहाँ भी प्यार है
मगर जीत रहा पैसा
बात पूरी सच है
समझे चाहे जो जैसा।

प्यार के नाम पर

आहट को समझा दस्तक
एक भूल की
खोला दरवाजा
राह में धूल थी
सिर्फ थी हवा
अदृश्य।
भीतर उठी आग
गुजरना पड़ा जलन से
बहे आँसू बुझा न सके
आग और जलन को।
झुलसन के बीच
आग और पानी का
यह खेल
चल रहा मेरे साथ
बरसों से
प्यार के नाम पर।

प्यार और व्यवहार

प्यार में
तकरार में
अन्दाज़े बयाँ
कुछ होता है ऐसा
रिश्ते छलक जाते हैं
ठहरे पानी की तरह।
प्यार का विस्तार
नापने का पैमाना नहीं है
कोई कवि बन जाता है
कोई कलाकार
इससे भी बड़ी बात यह
सबल निर्बल सब हैं
गिरफ्त में इसकी।
भावनाओं का बहाव
बहा ले जाता है दिमाग
वैचारिक सद्भाव
साथ ले जाता है
फिर सब चलने लगता है
व्यवहार में
प्यार में।

झूठ से बड़ा कोई सच नहीं

खुद से बोला गया झूठ भी
सच नहीं होता
होता है घातक
फिर भी लोग झूठ ओढ़ते हैं
शान से
पाँव निकालकर बाहर-चादर से
बिछाने को मिले तो
सिलवट भी नहीं आने देते।
तरह-तरह की डिज़ाइने हैं झूठ की
बाजार में
दुकानें सजी हैं
बस देखते जाइए
त्वचा से उम्र का पता नहीं चलता
सबसे प्रचलित झूठ है
दूसरे के किए काम पर अपना दावा
विगलित झूठ है
रिश्तों में ईमानदारी की दुहाई
सुमेलित झूठ है
वफादारी की नुमाइश लगी है
यहाँ भी संक्रमित झूठ है

पत्थर पर नाम टँकवाने का शौक
पथराया झूठ है।
एक अन्धी दीवार है झूठ की
इस दीवार के कान नहीं होते
अन्धी है बहरी है मगर
कहानी अपनी कहने में
चूक नहीं करती
सामनेवाले से टकराती है
हर टकराहट पर
अन्धेपन का खिताब देती है।
कौन कहता था
झूठ बोलना पाप है
इस झूठ पर
पूरी की पूरी
आदमीयत की छाप है
अब तो
खुद से भी बोला गया झूठ
सच होने लगा है।

क्रमशः

पैदा होने में
वश नहीं था अपना
पर हुए
बड़े होना था
हो गए।
पढ़ना-लिखना था
पढ़े कुछ मर्जी से
कुछ नामर्जी से।
बन गए
जो बनना था
नौकर हुए नौकरी के
पहुँचे वहाँ
जहाँ पहुँचना था।
परिवार किया
बच्चे किए
फिर बच्चों को
पंख दिये
उड़ान सिखाई
आसमान की राह दिखाई
वे उड़ गए।

पैदा करनेवाले
पीछे रह गए
जिनको पैदा किया
वे आगे बढ़ गए।
छूटने की कोशिश की
कुछ भी न छोड़ सके
सब समेटे रहे वहीं
उस दिन के लिए
जब सब यहीं
छूट जाना था
यहाँ भी अपना
वश नहीं था।

चलन है

उंगलियाँ उठती हैं
बड़ी आसानी से
चलन है।
तर्जनी की नोक पर
शिकार भी करती हैं
निर्दोष का अक्सर
चलन है।
तर्जनी के पीछे का सच
जानती है कनिष्ठा
मध्यमा और अनामिका
इसीलिए मुड़ जाती हैं उधर
जिधर से उठी है उंगली।
फिर तो राग है विराग है
बरसाती आग है
चलन है।

रिश्तों को हाथी न बनने दें

रिश्ते जब
हाथी बन जाते हैं
पहाड़ जैसे
विशालकाय
चार पैर एक सूंड
पीछे लटकती पूंछ
गहरा रंग मस्त चाल
मगर
पकड़ में कुछ नहीं
साधने के लिए
सिर पर चढ़ना
गोंचना कान पर
लगता है जरूरी
निभाने की मजबूरी
लाती है दूरी
इसलिए
रिश्तों को
हाथी न बनने दें
जितना हो उतना ही रहने दें।

सम्बन्धों का सच

सम्बन्ध
लैपटॉप की तरह हैं
कुछ लोगों के लिए...
काले-लाल-नीले-गुलाबी
नीरस-बेजान-संवेदनहीन...
काम है तो खोला
ऑन किया
यन्त्रवत चलाई अँगुलियां
फिर तो बस शट डाउन
बटन ही दिखती है...
साथ होता है हरदम का
पीठ पर बोझ सा
जोड़ देते हैं करेंट से
डिसचार्ज होने पर
और कहानी चलती है
जरूरत के हिसाब से...।

घाव

इन दिनों
कम मिलते हैं वे लोग
जो मरहम लगाते हैं
घाव पर
नहीं तो कुरेदने-खुरचने
नमक छिड़कने का चलन
दिख रहा है
घाव पर।
घाव था
भर भी जाता
समय लेता
दाग छोड़ जाता
लोग न भरने देते हैं
न दाग ही रखने देते हैं
बस ताजा रखते हैं
नासूर बनने तक
घाव को।
दिखाया जा नहीं सकता
बताया जा नहीं सकता
अपना है नहीं

पराया कह नहीं सकते
घाव तो घाव है
एक मजबूरी के तहत
घायल रहना जरूरी है
घाव के साथ।

सजगता

सहनशीलता के अतिरेक में
आँसू सारे सूख गए
भाव भी अपने न रहे
लगता है
अब शब्दों की बारी है।
शब्द बड़े कीमती हैं
आँसू की तरह
चुक जाएँगे
तब कहाँ से आएगी
सहनशीलता
सान्त्वना
दया-क्षमा
करुणा
विनम्रता
या इन जैसी
कोई संवेदना।
इसलिए
बचने लगे अतिरेक से
रचने लगे स्वविवेक से
बसने लगा शब्दों का संसार

दिखने लगा कविता का व्यवहार।
कविता बोली
भरने लगी शब्दार्थ की झोली...
बासी फूलों में दिखती है
कवि को अनगढ़ सुन्दरता
सन्दर्भों में संयोजन से
पा जाता है वह अमरता।

जल और जलजला

जल हूँ मैं
तरल शीतल कोमल
बहती निर्बाध
विस्तार में अपने
रुकती नहीं
न थकती हूँ
न जमती हूँ
भाप बनकर उड़ती भी नहीं।
आ गया रोड़ा कहीं
रास्ता बदल देती हूँ
तय कर लेती हूँ दूरियाँ
समाकर हर पात्र में
उसकी सुरुचि के अनुकूल।
मेरी सरलता को
कमजोरी मान लेते हैं लोग
धारा के प्रवाह को
मजबूरी मान लेते हैं लोग
नहीं जानते
मैं जल हूँ
जल से जलजला होना

मेरी प्रकृति है
अनकही स्वीकृति है।
जानती हूँ अपना
आदि और अन्त
मेरे हैं
अपने वसन्त
जल-जाल और जला
रूप धरकर
आच्छादन हूँ
सम्पादन हूँ
एक अनिवार्य बन्धन हूँ।

चाँद-रात

सूरज के छूते ही
समा जाता है
अँधेरा उसमें।
रात ने चाँद को हुआ
क्या वह रात था हुआ?
घटा-बढ़ा रोज
दिखा कभी पूरा
कभी अधूरा।
मिलकर न मिला
ठहरा नहीं
किसी रात के लिए।
सूरज डूबा
तो निकल आया
पूरा चाँद।
नहलाने चाँदनी से अपनी
कहता गया कि
रंगों से सराबोर हर पल खिले
खुशनुमा रात सबको मिले।
वह रुका नहीं
रात रीतती गई

चाँद का रात से
इतना ही तो नाता है
बीतती है रात
चाँद भी छूट जाता है।

मैं और मेरा चाँद

मैंने रात में चाँद को चमकता देखा
मैं थी
रात थी
साथ में था चाँद
अकेला
छत की मुँडेर पर
कभी ठहरता कभी फिसलता
बढ़ता गया आगे
मैं रह गई वहीं।
समय की गति में
चाँद आता जाता है
बदला बदला सा
बार-बार अनिश्चित सा
निश्चित है
चाँद का आना रात में
पूर्णिमा से चौदस तक घटना
अमावस से फिर चौदह दिन बढ़ना।
मैं खिड़की से
देख लेती हूँ चाँद को
कभी खुश

कभी उदास
जान लेती हूँ
वह अकेला नहीं है
मैं बन गई हूँ उसकी खास।

ऋतु-बिम्ब

सूरज का उजाले से
चाँद का अँधेरे से
नाता है गहरा
काल चक्र पर ठहरा।
नहीं मानता धूप-छाँह
नहीं जानता सफेद-स्याह
बादल उमड़ते हैं
गरजते हैं
बरसते हैं
चपला-चंचला चमकती चौंधियाती है
सूचना पहुँचाती है
बादलों के बरस जाने की
सावन के आने की।
सोंधी महक
उमसती गमक
धुले-धुले पत्ते
खिले-खिले फूल
लहराती पत्तियाँ, अलसाती तितलियाँ
टर्राते मेंढक, नाचते मोर
पेड़ों पर झूलना

बच्चों का खेलना
बनाते हैं बिम्ब
धरती आकाश के मिलन के अभिनन्दन के।
उजाले-अँधेरे का यह सिलसिला है
प्रकृति की गोद से हम सबको मिला है।

फागुन पूर्णिमा का शोर

मास है फागुन का
हर तरफ उल्लास है
बदल रहे मौसम में
बसन्त का विकास है।
नरम-गरम हवा
छेड़ रही सुर-ताल है
भीगा भीगा मन है
उड़ रहा गुलाल है।
रंगों के खेल हैं
रंगों की बात है
घर-घर में शामिल
रंगों की बरसात है।
धार-धार बरस रही
प्रेम की फुहार है
ठंडाई की तरंगों से
सराबोर त्योहार है।
गुझिया और पापड़ का
रसभरा स्वाद है
आदमी खुले अन्दाज में
कह रहा संवाद है।

सबको हरषाता
रंग पर्व साथ है
सपनों की खुशियों में
अपनों का हाथ है।
मीठी सी कूककर
कोयल फिर बोली है
पूनो का शोर मचा
होली है होली है।

कथा मधुमास की

वैसे तो सबके
अपने-अपने बसन्त हैं
पर जब बात है ऋतुराज की
तो यह कथा है मधुमास की।
जाड़े के बाद आए
गर्मी के गीत गाए
पतझड़ से निकलकर छाए
ओर से छोर तक
मिल-मिल जाए
वह बसन्त है।
सरसों के फूले खेत
किनारों पर उड़ती रेत
कोहरा भी जाता चेत
भोर से कोर तक
हिल-हिल जाए
वह बसन्त है।
आमों में बौर लगें
महुए गन्ध-गन्ध पगें
कपास के भाग जगें
पोर ले डोर तक

सिल-सिल जाए
वह बसन्त है।
हरियाली के श्रृंगार में
कोयल की पुकार में
कलियों की चटकार में
खिल-खिल जाए
वह बसन्त है।
संघर्षों को दे मुसकान
कर्मयोग की छेड़े तान
मौसम की बने पहचान
शोर से जोर तक
छिल-छिल जाए
वह बसन्त है।

दूस्तर दुनिया का

तरावट सूख जाती है
रिसने लगती है
बन्द मुट्ठी से
रेत की तरह
तरलता।
यह दुनिया है
बदल जाती है
मौसमी बुखार सी
बदलती ही नहीं
बदला लेती है
विश्वास का
हर आस का।
पैरों के नीचे की
जमीन खींच लेती है
रस्साकशी चलती है
तब तक
जब तक
जड़ जमीन सहमकर
दलदल न हो जाए।

चश्मा

चश्मे के पीछे से
आँखों को दिखता है साफ
मगर चश्मे के पीछे से
नहीं दिखती आँखें साफ-साफ
आँखों की भाषा
बन जाती है गुत्थी
सुलझाने के लिए
आँखों को
अलग ही तरीके के
चश्मे की होती है दरकार
अपरिचित की
पहचान के लिए।

खुद और खुदी

जीवन की आपा-धापी में
मुद्दत हो जाती है
खुद से मिले
बातें किए।
अब जो बैठे बात करने
तो दिखी नाराजगी
खुद की
खुद से।
सरल नहीं लगा मिलना खुद से
अपनी खुदी ने
किया था दूर
खुद से।
खुदी से निकलना कठिन था
कामयाबी मिले न मिले आगे
कोशिश जारी है
मिलने की खुद से।

वह और बाकी सब

वह माँ है
बिना कहे समझती है
वह पिता है
बिना कहे करता है।
वह धरा है
बिना कहे धरती है
वह जल है
बिना कहे बहता है।
वह आग है
बिना कहे जलती है
वह नभ है
बिना कहे रहता है।
वह दोस्ती है
बिना कहे चलती है
वह प्यार है
बिना कहे सुनता है।
वह हवा है
बिना कहे बहती है
वह गुरु है
बिना कहे मिलता है।

बाकी सब व्यापार है
विस्तार है व्यवहार है
और जीत-हार है
यह संसार है।

छत

एक छत थी
छाँव सुरक्षा आसरा
उसका अभिधार्थ था।
आँधी पानी धूप
सहना झेलना पचाना
उसका निहितार्थ था।
मूक साक्षी थी
बदलती पीढ़ियों की
उसका पुरुषार्थ था।
छत के नीचे छत ही छत
पनपने लगी है जब से
वह दरककर किरककर
छत नहीं रह गई है।

रोशनदान

काँच का बन्द रोशनदान
अपने होने का मानता
भेजकर रोशनी अन्दर
खुश होता रोककर धूल बाहर
भूल गया मतलब
बन्द होने का।
छोटी सी चिरैया ने
रखा पहला तिनका उस पर
बनाने को घोंसला
रोक न सका फैसला
तोड़ न सका हौसला
बन्द जो था।

अवरोध

खिड़की
खुली थी
हवा के लिए
फिर बन्द हुई
धूल के कारण
हवा और धूल
साथ रहती हैं
खिड़की का
अवरोध बनकर
एक दूसरे के लिए।
अब हम
जान चुके हैं
हवा का यह राज
इसलिए खिड़कियाँ
खोलते ही नहीं हैं।

स्मृतियों के झरोखे से

स्मृतियों के
झरोखे नहीं होते
न होती हैं खिड़कियाँ
वहाँ तो बस चौखटें हैं
बिना दरवाजों की।
बिना इज़ाजत
कोई भी
आता-जाता रहता है वहाँ
हवा की तरह
बारिश की तरह
रोकना बेकार है।
स्मृतियाँ बनती हैं नज़दीकियों से
रिश्तों की बारीकियाँ
उलझा देती हैं अकसर
कह जाता है कोई
जब अपने से
धड़कनों की।
वहाँ लोग नहीं होते
होती हैं बस यादें
झलकती सिसकती

स्मृतियों के झरोखे से
झाँकती मचलती
चौखटें पार कर
आ जाती हैं
बस यों ही।

चेहरा

चेहरा
आदमी का
कहा गया कभी आईना
तो कभी किताब
टूटा नहीं
पढ़ा भी नहीं गया पूरा
बस बदलता रहा
रंग-रूप
वक्त के साथ
मुखौटा होकर
हर उम्र में
बना रहा
चेहरा।

तसवीर

कभी-कभी हम
अपनी ही तसवीर पर
मुग्ध हो जाते हैं
इस कदर कि
भूल जाते हैं
तसवीर की जड़ता
उसका जड़ होना।
न बोलेगी
न बदलेगी
कल दूसरी कोई
ले लेगी जगह उसकी
मूक-बधिर-अपंग
नया सौन्दर्य बन जाएगा
वाचक उसका
हमारे मुग्ध होने तक।
इसी अफरा-तफरी में
घुसने की आदत पड़ जाती है
हर एक के साथ
हर एक के बीच
खड़े होने की लत
तसवीर बना देती है जीते जी
भावहीन-सपाट और बेजान
हम रहते हैं अनजान
अपने तसवीर होने से।

कैंची

उधार प्रेम की कैंची है
पढ़ा था दुकानों में
लिखा हुआ
सच बोलना चाहिए जैसा
कोई सूत्र लगा था
तब
अब जब
सन्ता की माँग पर
जरूरत के लिए
उधार दिया
सारा गणित कैंची का
समझ आ गया।
उधार की कैंची
मतलब है लोन
लेने के बाद
तू मेरा कौन
आलम यह कि
सामने देखकर सन्ता
रास्ता बदल लेता है
मेल-जोल की क्या कहें

कॉल भी नहीं लेता है
और देनेवाले का
अदायगी के इन्तजार में
कटा हुआ जख्म रिसता है।

नारियल

नारियल की सख्ती से यदि
किया गया होता आकलन उसका
कोमलता और मधुरता से उसकी
परिचय नहीं हुआ होता।
पर्वतों पर नदियों की गवाही
रही है सदा से
तरलता सुरक्षित है कठोरता के भीतर।
कठोरता को कठोरता से फोड़कर
काम आ रही है नारियल की सख्ती
शुभ के संकेत में
स्वाद में स्वास्थ्य में
नर-नारी निकेतन में।

मोड़

रास्ते बदल जाते हैं
हर मोड़ पर
फिर भी मोड़ पर
जिन्दगी को
हमने ठहरते देखा है।
भटका देते हैं मोड़
अटकने पर
मोड़ की सूरत को
हमने मिलन में बदलते देखा है।
कोहरे में मोड़ पर
मिलती हैं सूरतें ढेरों
अनजानी भीड़ में उम्र को
हमने गुजरते देखा है।
हर मोड़ मुड़ता नहीं
खड़ा मिलता है वहीं
उसके इन्तजार को
हमने बिखरते देखा है।

शब्द-निःशब्द

उम्मीद
भरोसा
विश्वास
मात्र शब्द नहीं
सन्दर्भ हैं
बेहद गहरे
खरे भी हैं
हैं थोड़े बहरे
डुबा देते हैं अकसर
अपनों के बीच
सपनों के साथ
उनके ही हाथ
निःशब्द
यादों में रहते हैं
यादों से जाते नहीं
बहुत याद आते हैं।

भाप होने तक

होता है असर
इस कदर कभी-कभी
कोई मिलता है
तपती रेत में
भिगो देता है मन
अनायास यों ही
फिर उड़ जाता है
छन्न से
पानी की बूँद की तरह
खौलाकर यादों को
भाप होने तक।
भूरे-सफेद-काले
बादलों से भरी
एक टुकड़ा उदासी
आ जाती है जाने कहाँ से
उड़कर
बरस जाती है
बदली सी
रुक-रुककर
भाप होने तक।

गड़बड़ झाला

आईनों का जंगल है
उग आए हैं कैक्टस ढेरों
सादगी की पहचान गुम है
खोज किश्तों में जारी है।
जो दिख रहा वही सच है
झूठ पंचम स्वर में चिल्ला रहा
दरकार है साबुत आदमी की
पहचाने अपना आईना जंगल में।
चुभन है थकन है
फैली एक चिपचिपाहट
मासूमियत छल रही मौन
उदासी में डूब रहा कौन।
बरस रही उम्मीद कतरा-कतरा
बेनाम रिश्ते की तरह
पड़ता है निभाना उसको
सपने की तरह।
न नीचे जमीन
न ऊपर उड़ान
फैला है असरहीन
मटमैला आसमान।

दर्द का आईना

मँझधार में
छोड़नेवाले को
क्या कहिए
बस बहते रहिए
डूबने का मजा सहिए।
आँखों की नमी
घुल जाएगी
धारा-धार
सब टूटता दिखेगा
रहते-रहते।
उसके बाद
आएँगी तारीखें
भगता वक्त
ठहर जाएगा
बहाने होंगे
देखने-दिखने के
दर्द के आईने में।

कमबख्त समय

समय की कमी का रोना
समय का न होना
बातें हैं दो अलग-अलग।
समय निश्चित है
कीमती है
ठहरता नहीं है।
साँसें भी गिनती की हैं
उधार में मिलती नहीं हैं
जानते हैं मानते नहीं।
सच है
जानकर अनजान होना
सही यह नहीं है।
जीवन के रहते
समय को जाना नहीं
तो जीवन के बाद का क्या भरोसा
समय था साथ
बनकर परोसा
सम्हाला नहीं।
मन के कहे
भागते रहे

अब समय की कमी का रोना
समय का न होना
एक लय हो गया है
बात में
शब्द में
तासीर में भी।

वक्त ही तो है

माना कि
व्यस्त है हर शख्स बेहद
पल-पल का हिसाब रखता है
छिपाने को हकीकत अपनी
आईना ही खराब रखता है।
भागता वक्त है
भगाता भी वक्त है
भागते-भागते
पहुँच जाता है वहाँ
जहाँ खुद से खुद की
लड़ाई होती है
वार होता है चुनौतियों का
वक्त की कड़ाई होती है
हार-जीत का सवाल होता है
सामना करने में भलाई होती है
वक्त ही तो है
कहकर बच नहीं सकते
साथ चलने में ही समाई होती है।

विचारणीय

साल दर साल
कैलेंडर बदल जाता है
रह जाती हैं तारीखें
एक से इकतीस
महीने रह जाते हैं
जनवरी से दिसम्बर
दिनों के नाम वही होते हैं
सोम मंगल से रवि तक
तत्त्व भी वही होते हैं
पृथ्वी जल अग्नि
आकाश और वायु
सूरज चाँद चल रहे
सदियों से अपनी गति
फिर सवाल उठता है
कैलेंडर के साथ
जो बदल गया
उसकी संज्ञा
क्या इनसान है?

मित्रता की समझ

मित्रता की परिभाषा में
दिलों के बन्धन होते हैं।
कर दिया एक दिन
दोस्ती के नाम पर
फिर गुमा दिया दोस्ती को
उसमें ही कहीं
ठीक उसी तरह जैसे
जन्म-दिन मनाकर
चुकाते हैं उम्र को।
घट जाता है अचानक
ऐसा कुछ अनचाहा
चाह को आह में
बदलते देर नहीं लगती
शुरू होता है सिलसिला
फैसलों से फासलों का
क्षण की अन्तहीनता तक
अनिमन्त्रित।
कर देते हैं वजूद अपना
हवाले उसके
होते हैं लोग इर्द-गिर्द

आप होते नहीं हिस्सा उनका
वह झूठ नहीं होता
जो था कभी लगा मित्र
बन नहीं पाती नई परिभाषा
मित्रता की
जमा हुए लोगों से।

दिनों की बन्दर बांट

दिन बड़ी तेजी से बँट रहे है
कभी माँ का
तो कभी पिता का
भाई-बहन और प्रेमिका का
दिन बन गया है
फिर भाषाओं के दिन
पर्यावरण और बीमारियों को
याद रखने के भी दिन हो गए
जन्म-दिन मनाना पहले से
चलन में है।
दिनों के फेर में हम
भूल रहे हैं कि
सम्बन्धों को एक दिन में
बाँधा नहीं जा सकता
चाहे वह सचल हों या अचल
जीव हों या नर्जीव
जरूरत है उन्हें
जगह देने की
मन में सहन में
और निजी पन में।

अनदेखा विनाशक

तीसरा विश्वयुद्ध
सम्भावित था जल के लिए
मगर अकस्मात छिड़ गया
एक जैविक युद्ध
देश-देशान्तर जलने लगे
उबलने लगे पिघलने लगे।
आँकड़े बनने लगे लोग क्योंकि
राह में आ गया था अदृश्य
न दिखनेवाला जीव संक्रामक
करोना-कोरोना की चीख
बन गई पुकार जीवात्मा की
अन्तरात्मा की परमात्मा की।
पहले चीन फिर इटली रूस फ्रान्स
स्पेन अमेरिका आस्ट्रेलिया
भारत तक आकर गिनती खत्म नहीं होती
विश्व थम गया गतिहीन सा
सामना था अनदेखे शत्रु से
मानवता जूझती दिखी लड़खड़ाती दिखी।
पेड़-पहाड़ सरिता-सागर पर
शासन करनेवाला आदमी
हवा-पानी-आग-जमीन आसमान
पाँचों तत्त्वों को करके मुट्ठी में
बना था व्यापारी

एक बड़ा कारोबारी खुद का त्यौहारी।
प्रकृति से छेड़छाड़
पड़ेगी महँगी मानता था
समाधान होंगे उपायहीन
यह नहीं जानता था
सूक्ष्म के साथ स्थूल की लड़ाई
बराबर गहराई
प्रकृति ने ठुकराई।
घर में रहें सुरक्षित रहें का नारा
जीवन न मिलेगा दोबारा
सूनी सड़कें बन्द बाजार
बने बचाव के हथियार
उपाय थे अनोखे
खोल गए तामाम बन्द झरोखे।
हुए कैद घर में
जान लिया पिंजरे का अर्थ
साधन सम्पन्न बन्धन ने बताया
पालतू होना है कितना बड़ा अनर्थ
ऊँच-नीच समझे जब सामाजिक दूरी बनाई
क्वारंटाइन ने अछूत होने की पीड़ा जतलाई
भय और सन्त्रास की घड़ी जब आई।
कोरोना काल था
लॉकडाउन के भीतर आदमी बेहाल था
सोचता क्यों हुआ ऐसा।
महत्त्वाकांक्षा बवाल बन गई
इनसान के अस्तित्व पर सवाल धर गई
लेने लगा संकल्प संयम का
दिखा नहीं कोई विकल्प नियम का
सीमा युक्त घमासान था
वह अनदेखा विनाशक।

2019 के अन्त में

इमारतों के जंगल में
सब पथराया था
सिर उठाया तो
आसमान खड़ा था तना।
हवा थी वही
कभी तेज
कभी शान्त
हरी-भूरी जमीन थी
धूल भरी और क्लान्त।
आग और पानी
वही थे
जलाते-बुझाते
अपना काम कर जाते।
अकस्मात पैदा हुआ था
वह जीव अनजाना
अनदेखा अनछुआ नजराना।
समेटने लगे सब
अपनी-अपनी गठरी
सन्नाटे का शोर था
हवा ऐसी पसरी

आदमी देखने को हुआ विवश
आदमी में दूरी।
विकास का दौर था
सब कुछ थका सा
ठहरता-रुकता हुआ
ठप बनाता
जंगल था
इमारतों का।

लोग परेशान हैं

लोग परेशान हैं
चिन्ता बहुत करते हैं
डाइंनिग टेबल पर
भर पेट खाकर
एयर कंडीशन में
भर नींद सोकर
सुबह उठते है
चाय की चुस्कियों में
अखबार पढ़ते हैं
समाचार सुनते हैं
परेशान हैं
चिन्ता बहुत करते हैं।
कोरोना काल बना
वायरस ने जाल बुना
प्रकृति नाराज़ है
बाढ़ की भी मार है
पैदल मजदूर हैं
पलायन पर प्रहार है
घट रही घटनाओं से
सुकून खो देते हैं

व्यवस्था को कोसते
परेशान हैं
चिन्ता बहुत करते हैं।
क्या हुआ जो
दर्जी की दुकानें नहीं खुली
पार्लर बन्द हैं
बहुत सी जरूरतें
दायरे से बाहर हैं
किरानेवाले की चल पड़ी
कोरोना के दम पर
कमाते-लाभ उठाते देख
देर रात सोते हैं
घिरे बचे-मरे की
गिनती नहीं कर पाते
परेशान हैं
चिन्ता बहुत करते हैं।
बाजार, बड़े बाजार
उससे भी बड़े बाजार
मॉल खुलें कैसे?
एक दूरी की दरकार है
लगातार मास्क लगाते
बार-बार हाथ धोते
तालाबन्दी को रोते हैं
घर की कैद में
छप्पन भोग खाते हैं
भूखे और गरीबों से

परेशान हैं
चिन्ता बहुत करते हैं।
कोराना बड़ा सामाजिक है
इसका समाजवाद है
अमीर-गरीब बराबर हैं यहाँ
इलाज बेबुनियाद है
मुसीबत है ऐसा
कि आफत बुला रहा
सो भाग दौड़ करते हैं
नये ढंग से हंसते हैं
नये गम में फंसते हैं
परेशान हैं
चिन्ता बहुत करते हैं।
महामारी का भी ग्राफ है
रास्ता बड़ा साफ है
स्वास्थ्य का, बीमारी का
या फिर मौत का
न जाने किन-किन का
इन्तजार करते हैं
नफा नुकसान
अच्छा-बुरा सब
देखते समझते हैं
परेशान हैं
चिन्ता बहुत करते हैं।
बहुत से तो
अवसर को

भून-भून खा रहे
सब हजम कर जा रहे
मौके पर चौका मार
खुद को बीमार बता रहे
सुर्खियों में रहते हैं
धर्म-कर्म करते हैं
परेशान हैं
चिन्ता बहुत करते हैं।
इनके भी ऊपर देखिए
कुछ तो खुद कोराना हैं
करो ना मन्त्र लेकर
कुछ नहीं करते हैं
बातों में विश्वास रखते
देश-विदेश बहसते हैं
आमो-खास से ऊपर उठकर भी
परेशान हैं
चिन्ता बहुत करते हैं।

पहचान कौन?

खुशी है तो पीते हैं
दुख है तो पीते हैं
मेरे साथ मगन हो
जिन्दादिली से जीते हैं।
पार्टियों की जान हूँ
स्टेटस की शान हूँ
हर मर्ज की एक दवा
जैसा वरदान हूँ।
देसी और विदेसी
मेरा परिधान है
लेबल के नाम पर
अपना संविधान है।
मेरी पकड़ से
दिमाग जकड़ जाता है
सोच बिगड़ जाती है
दिल अकड़ जाता है।
बोतल की सुनकर
बाछें खिल जाती हैं
जन्नत की रौनकें
मुझसे मिल जाती हैं।

मैंने बहुत से
बढ़ाए अपराध हैं
बिखेरा संसार है
तोड़े परिवार हैं।
कुछ के बिगाड़े
तो कुछ के बनाए काम
लेती हूँ अपने
पूरे-पूरे सही दाम।
इस कदर बढ़ गया है
मेरा व्यापार
इसीलिए कहलाती हूँ
देश की आमदनी का आधार।
पहचान मुझको?
मैं हूँ कौन
मदिरा हूँ मदिरा
अपने में मौन।
दिया आप सबने
मुझे महँगे खिताब
कुछ भी कहें
मैं हूँ सुन्दरी शराब।

सियासत

सियासत
संवेदना है शासक की
सहयोग है शासित का
सिद्धान्त है सत्ता का
साझा है जनता का
समझौता है पराजय का
कहीं कोई कल
इसका निर्जीव नहीं है।
हवा ऐसी बही
थम नहीं रही
मशीन बन गई सियासत
आंधी के चलते
जिसे मिली
उसी की चली।
पुर्जों से छेड़-छाड़
अदला-बदली
खेल-खिलवाड़
होड़ मची है
सट्टा बोली नीलामी
जुआ भी चलता है।

झेलती सियासत
कब तक थमेगी
टूल बना है बदला
छोड़ता नहीं
न हाथ
न साथ
उड़ाने की हद तक।
विस्फोटक उड़ाते हैं
महज शरीर
सियासत में
आत्मा को ध्वस्त करने की
साजिश है
जागरण है
आह्वान है
लेकिन
संवेदना के ग्राफ में
दिखती मात्र वेदना है
सियासत की।

किसान उवाच

मैं किसान हूँ
देश की पहचान हूँ
भारत बसता है मुझमें
मैं भारत की सन्तान हूँ।
धरती की छाती चीरकर
अन्न उगाता हूँ
जरा ध्यान से देखो मुझको
मैं खुद अपना विज्ञान हूँ।
बरसात रही हमजोली मेरी
धूप है मेरी हमराही
हमकदम बनें सब यही चाहता
मैं भी इक इनसान हूँ।
क्या हुआ जो मैंने कर्ज लिया
चुकाने का हर धर्म जिया
सूखी रोटी खाकर भी
मैं बड़ा धनवान हूँ।
गति-प्रगति की तेजी में
निकल पड़ा हूँ उसके साथ
पढ़ी-लिखी सन्तति अब मेरी
भरा-पूरा खलिहान हूँ।

अभावों का प्रतिशत ज्यादा है
मरने को लाचार हूँ
सुलझा न सको तो मत उलझाओ
मैं सबका हिन्दुस्तान हूँ।
हल बैल चलें
या चलें ट्रैक्टर
ओढ़े गमछे की शान हूँ
मैं किसान हूँ।

कछुआ

कछुआ
बाहर से सख्त भीतर गुलगुल
दूर तक चला अब थक रहा है
सिर निकाला तो गिरा आसमान
अपने ही खोल में सिमट रहा है
कहाँ है जरूरत उसकी किसी को
सबकी जरूरत पर ठिठक रहा है
हैरान परेशान स्वभाव से अपने
आदमी की फितरत से परच रहा है
खरगोश से जीता पर जीत से अनजान
चुप्पी में अपनी घिसट रहा है।
चालबाजी नहीं जानता
न कोई पैंतरा है उसका
बस एक चट्टान लादे
कछुए की चाल से
निपट रहा है।

शार्टकट

तरक्की का शार्टकट
बड़ा ही अनोखा है
सच यहाँ धोखा है
झूठ का रंग चोखा है
स्नेह की तरलता को
चतुराई ने सोखा है।
धक्का, लँगड़ी हथियार हैं
चापलूसी तेज धार है
चुगली भी औजार है
तंज का व्यवहार है
समय और श्रम की बचत
इसका अनुशासन है
मुट्ठी में प्रशासन है।
साम-दाम-दंड भेद
करना पड़े आसमान में छेद
चलता है
तरक्की का यह शार्टकट
खुला हुआ झरोखा है
झाँकना-निकलना आगे
प्रक्रिया के परिणाम हैं

आम के आम हैं
गुठलियों के दाम हैं।
शार्टकट के चश्मे से
सफेद दिखता काला है
जिसने यह हुनर पाला है
उसका अन्दाज निराला है
जिनके बस की बात नहीं यह
तरक्की ने उनको टाला है।

बूँद भी छलकती है

अनजान रहना फायदेमन्द होता है कभी-कभी
जान लेने पर जान निकल जाती है।
लाख समझौते हों परिस्थितियों से अच्छे बुरे
पल भर में पहचान बदल जाती है।
अकेलापन जगह बनाता है खालीपन के लिए खुशी-खुशी
उदासी यों ही खामोश सी मचल जाती है।
रूठना-मनाना चलता है गुमसुम अपने की तलाश में
प्यार की चुप्पी झगड़ लेने में फिसल जाती है।
तूफान से पहले पसरा सन्नाटा डरा देता है भरसक
सामना कर लेने से तबाही सम्भल जाती है।
मन का होने पर भी सुकून नहीं मिलता कई बार
भूल कर भूलने में बेचैनी पिघल जाती है।
आत्म सम्मान के लिए आत्महनन विकल्प नहीं होता
अन्याय के जोखिम से आत्मा दहल जाती है।
फायदे के लिए अच्छा बनना नुकसान दायक है
चाल बाजियों की मंजिल लालच के महल जाती है।
बड़ेपन में बचपन की चीजें बचपन से मिला देती हैं
बड़ी से बड़ी परेशानी आसानी से बहल जाती है।
भलाई अगर चुप रहने है तो कह देने में भी होती है
सही गलत की रेस में दूर तक टहल जाती है।

रिश्ता हो या किताब, पढ़ने के लिए उचित दूरी चाहिए
तय फासला न हो तो पढ़ाई में खलल जाती है।
बिना संघर्ष मिली सफलता की कद्र नहीं होती
अकर्मण्यता के चलते कामयाबी मसल जाती है।
अपनी नज़रों से गिरकर उठना सरल नहीं होता
उठने की कोशिश में पतझड़ की फसल जाती है।
प्यार का कोई मोल नहीं पर ग्राहक बहुत मिलते हैं
बाज़ार की हलचल में रुपयों की दखल जाती है।

कोशिश और चाह

जीने की कोशिश ने मरने नहीं दिया
मरने की चाह में जिये जा रहे हैं।
पाने की कोशिश ने देने नहीं दिया
देने की चाह में लिये जा रहे हैं।
करने की कोशिश ने बैठने नहीं दिया
बैठने की चाह में किए जा रहे हैं।
जीतने की कोशिश ने हारने नहीं दिया
हराने की चाह में सिए जा रहे हैं।
संभालने की कोशिश ने रखने नहीं दिया
रखने की चाह में दिये जा रहे हैं।
जागने की कोशिश ने सोने नहीं दिया
सोने की चाह में पिये जा रहे हैं।
कोशिशों का घमासान चलता रहा
चाहतों का फरमान निकलता रहा
भूलने की कोशिश ने भूलने न दिया
विरुद्धों का बियावान मचलता रहा।
खरोंचें जो नहीं भरीं मजबूर थीं
जख्म हो रिसती रहीं नासूर थीं
कभी राहों ने रोका कभी इन्तजार ने
चलने की कोशिश ने रुकने नहीं दिया

रुकने की चाह में चले जा रहे हैं।
बोझ लेकर चले थे
जरूरत से जियादा
मंजिल तक पहुँचाने का
बनाकर इरादा
मची अफरा तफरी में
रुकना पड़ा जब
पड़ाव से पहले ही
ढले जा रहे हैं
रुकने की चाह में
चले जा रहे है।

चार दृश्य

दृश्य एक - -
वह भिखारी था
सारी जिन्दगी रहा भीख पर
नहीं चला दी गई सीख पर
मांगकर खाता
जमीन पर सोता
गरीबी का रोना रोता
हरदम रिरियाता घिघियाता
न घर बनाया, न रसोई
मोहल्ले के चबूतरों पर
गृहस्थी सजाई
जमा करता गुदड़ी के नीचे
अपनी गाढ़ी कमाई
चला गया एक दिन
सब छोड़कर यहीं
खाली हाथ खुले हाथ।
दृश्य दो - -
वह मजदूर था
सारी जिन्दगी रहा मजदूरी पर
काम करता जहाँ

घर बसाता वहाँ
साथ होती
मजदूर पत्नी
मजदूर माँ
मजदूर बहन
अस्थाई आसरे के सहारे
चलती रसोई, खाते सब कोई
बच्चे खेलते बालू मिट्टी का खेल
ईंटों की आड़ से होता शयन कक्ष का मेल
दिहाड़ी थी भविष्यहीन वर्तमान
शेष था स्वप्नहीन सुनसान
इमारत के खड़े होने तक
वह बैठता जाता
मिक्सर के शोर में डगमगाता
चला गया एक दिन
सब छोड़कर यहीं
खाली हाथ खुले हाथ।
दृश्य तीन - -
वह आदमी था
मध्यवर्गीय सोच के बीच
बड़ा हुआ हिदायतें सुनता
काम करता
बोझ उठाता परिवार चलाता
बचत की अहमियत सिखाता
भारतीयता का पाठ पढ़ाता
नैतिकता का दायित्व निभाता

माता-पिता का गुड बॉय
बच्चों का अइडियल फादर
रहा अन्त तक अकेला
पैसों की कमी को
माना नहीं झमेला
जुड़ा रहा जमीन से
डिगा नहीं यकीन से
चला गया एक दिन
सब छोड़कर यहीं
खाली हाथ खुले हाथ।
दृश्य चार - -
वह बड़ा आदमी था
काम करने का लती
महत्त्वाकांक्षा से भरा
जुनूनी और मेहनती
वक्त को साधता
भागता सिर्फ भागता
बिना रुके बिना थके
बनाता बड़े-बड़े घर
पालता ऊँचे-ऊँचे शौक
बढ़ाता बैलेन्स बैंक का
जुटाता ढेरों गाड़ियाँ
और भी न जाने क्या क्या
करता गया खोते सुकून की शर्त पर
न ढंग से खा सका
न नींद भर सो सका

सपनों की कीमत पर
अन्त पर उसके
नहीं दिखे वे सब
जिनके लिए अब तक
खट रहा था
विवाद सुलगाकर सम्पत्ति का
चला गया एक दिन
सब छोड़ कर यहीं
खाली हाथ खुले हाथ।
खाली हाथ आना
खुले हाथ जाना
दोनों जगह जागृति का बोध है
जीवन के प्रवाह में मृत्यु का अवरोध है
जागरूक ही देख सकेंगे चार दृश्यों का सार
और अगर अबोध बनेंगे, अनुरोध है बेकार
विचार में भी चार है आचार में भी चार
चार युगों के संचरण में मानव का विस्तार
चार पहर दिन का चार पहर की रात
चार पाए की सुविधा से होती ढंग की बात
वर्ण चार, अवस्था चार, पुरुषार्थ और दिशा भी चार
चार दिन की चांदनी में सजा नश्वरता का बाजार।

दाल पर निबन्ध

दाल
दो प्रकार की होती है
गरीब की दाल
अमीर की दाल
पनियौली और गाढ़ी
खौलते दूध पर की साढ़ी।
पानी अधिक और दाल कम
मिलती है गरीब की दाल में
दाल अधिक और पानी कम
होता है अमीर की दाल में
रहती है प्रसन्न हर हाल में।
और तो और यह दाल
दलने के काम भी आती है
कभी छाती पर तो कभी चकरी में
मुँह और मसूर की दाल का मुहावरा
रुका हुआ है बखरी में।
टुकड़ों में बँटकर भी
एक साथ पकती है
चावल से रिश्ता गहरा रखती है
दाल तड़का-दाल मखनी होकर भी

खिचड़ी से नहीं विलगती है।
पहले बटलोई में चढ़कर
चूल्हे की आँच में धिककर
अलग स्वाद देती थी
गजब का आनन्द था
बटलोई के पेंदे में मिट्टी लगाने का
लकड़ी पर चढ़ाने का
राख पर फदफदाने का
उफनाते फेन को हटाने का।
जीरे लहसुन के छौंके पर
शेखी बघारती थी
सरसाती इतराती थी
एक चम्मच घी के लिए
मचल-मचल जाती थी।
अब बघार लगता है
टमाटर प्याज धनिये का
भाव बढ़ा दिया है इसने
मोहल्लेवाले बनिये का
पर शेखी गुम हो गई है
गैस-कुकर के शोर में
फदफदाहट खो गई है
एक सीटी के छोर में।
इतिहास बताता है
मूँग की दाल रोगी की है
अरहर सबकी पसन्द
उड़द का सगपैता बनता

चना मसूर पाते लोग चन्द
अन्नकूट में दाल का खेल है
पाँच सितारा व्यंजन दाल का पंच मेल है।
जायके के लिए दक्षिण तक घूम आई है
इडली डोसा साम्भर की होकर
भरसक धूम मचाई है
आटे से परहेज नहीं है
पिसने से गुरेज़ नहीं है
कहीं दलभरी कहीं फरा है
कहीं कढ़ी तो कहीं बरा है।
इस प्रकार दाल की परम्परा
बहुत पुरानी है
सभ्यता की चिन्हानी है
नित नए प्रयोगों से लिखती
एक नई कहानी है।

हिस्सा अपना-अपना

पैर भर जमीन
मिलती है सबको
अपने हिस्से की।
आँख भर आसमान
खुलता है
खिड़कियों से
दरवाजों के पार
फूलों सा हरसिंगार।
मेरी भी जमीन है
पगचिह्न जितनी
आसमान है
झाँकता हुआ
हाथ थामता हुआ
पूरा-अधूरा
जैसे रात का सवेरा।
हवा है
शान्त क्लान्त
मिलती है बिना माँगे
स्पन्दन में सोई
कम्पन में खोई

उलझकर आँधी में
घेर लेती जमीन
हिला देती आसमान
धुँधला जाता
कंकरीटों का जंगल
उखड़ जाता
टावरों को सम्बल।
जल मिला है
मीठा-खारा
स्वाद का शरारा
बहाव में जलजला
ठहराव में हिला-खिला
सूखा तो बादल
बरसा तो दलदल
जमीन-आसमान एक करता
जीवन के दो छोर पकड़ता
हर काल में
हर हाल में।
आग है
तन-मन-धन की
सबकी अपनी-अपनी
पेट की पचाती है
चूल्हे की पकाती है
जंगल और जल में
सिर्फ जलाती है उबालती है।
जलाने की नीयत से
सुलगाती है

झुलसाती है
गरमाती भी है
दिल से दिमाग तक
फैली तब
उफनाती है
फदफदाती है
ईर्ष्या-द्वेष में
क्रोध क्लेश में
खदबदती है।
साँच को आँच नहीं लगती
सोना तपकर
कुन्दन होता है
अपने-अपने घेरे से
मुसकान भरा स्वर कहता है
मुट्ठी भर जमीन
झलकता आसमान
सरल सी हवा
मीठे जल की दवा
सबको उपलब्ध है
अनायास
सुरक्षित रहें
सबके पास
न हों आग के हवाले
जिसे मिले
वही सम्भाले।

मीटर पर तिनका

घर मेरा
मीटर मेरा
बिजली का बिल मेरे हवाले
तब मीटर पर कैसे कोई अपना घर बना ले।
सुबह ताला खोलते समय
बाहर दिखा था वह तिनका
मीटर के तीन तारों पर
हरे पीले लाल के बीच
सटाकर फिट बैठाया हुआ
सफाई से सधाया हुआ
नोटिस तो किया मैंने पर तवज्जो नहीं दी
दूसरे दिन ध्यान चला गया खुद से
वहाँ तिनकों की संख्या बढ़ गई थी
सुबह ताला खोलते समय
बाहर देखा था मैंने
तिनकों को घोंसले का आकार लेते।
दिल ने कहा
कोई चिड़िया रहने का सामान जुटा रही हैं
मीटर पर घर बसा रही है
दिमाग ने समझाया

यह तो अतिक्रमण हो गया है जगह का
इस तरह शार्ट सर्किट भी हो सकता है
हवा से तार हिले नहीं कि
बड़ा कांड हो सकता है
जगह के लिए अघोषित बांड हो सकता है।
विचार की कौंध से निपटकर
फेंक दिया तिनके के घरौंदे को
चौंधाए की तरह बाहर।
कूड़ेदान में कराहता
तिनका-तिनका चीखने लगा
कराह कहन में बदल गई
आवाज आने लगी....
चल जाता है बुलडोजर आसानी से कमजोर पर
लेकिन हर अतिक्रमण से मुक्ति नहीं होती है
दबंगई के आगे शक्ति की ही भक्ति होती है।
फुटपाथ-पार्किंग-चबूतरे सबके सब
तिनकों के शिकार हैं
करकिरी हैं आँख की
आई ड्राप डालो तो
दिखते सबके अपने-अपने
रक्षक सरदार हैं।

सुडोकू

नौ-नौ की गुणत
नौ तक अंकों की बढ़त
गिनती शुरू हो कहीं से
निकले अंक संख्या का योग नौ
इस्तेमाल में नहीं है यहाँ सौ।
सुलझ जाए तो सही
वरना दिमाग का दही
हल करने की मशक्कत में नशे सा सुरूर है
एक पूरा हो जाए तो आगे दूसरे का फितूर है
प्यादे-हाथी-घोड़े बादशाह वजीर नहीं रखता
शतरंज की तरह
मन के विज्ञान को बुद्धि से परखता
साल्वर की जिरह।
सुडोकू का खेल है
बड़ा घालमेल है
फिर भी तालमेल है विभाजन से संयोजन का
योजन और कैलकुलेशन का
क्योंकि ठहरा हुआ दिख रहा है सुडोकू
हर एक के जीवन में
'उलझा हुआ खाली जगहों के साथ

भरे जाने के लिए आतुर।
लूडो साँप सीढ़ी को निगल चुका है
एलीट कल्चर में हाथों हाथ बिका है
गाहे-बगाहे मिल लेता है हर किसी से
वरना मोबाइल के प्ले स्टोर में रुका है।

डिमेंशिया

डिमेंशिया बीमारी है जो उम्र के साथ आती है
मानव प्रजाति में अधिक पाई जाती है
भूलना इसकी पहली पहचान है
बच्चा हो जाता है इनसान इसमें
मिला नहीं इसका कोई समाधान है।
डिमेंशिया में संवेदनाएँ मायने नहीं रखतीं
ग्रसित की इन्द्रियाँ तथ्य नहीं परखतीं
डैमेज कंट्रोल के लिए है सी-टी स्कैन
रिपोर्ट पर आधारित है आराम चैन
संक्रामक नहीं है फिर भी फैलने पसरने में है यूक्रेन।
डिमेंशिया के लक्षण नेताओं में भी मिलते हैं
राजनीति की चपेट में पथराए हुए सब
अपनी ही धुन में बजते हैं
लाउड स्पीकर पर चीख-चीखकर भी
अपने कहे को अकसर भुला सकते हैं।
डिमेंशिया नेताओं की मजबूरी है मगर
असफल प्रेमियों के लिए जरूरी है
प्यार में जगह पा जाएँ तो
टूटे दिलवालों का हो जाएगा जीना आसान
ब्रेक अप कैसा भी हो, नहीं रहेगा कोई घमासान।

केबल टी.वी.

विचार ही तो था
आ गया तो छा गया
कहने लगा
चलो देखते हैं गुजरे टी.वी. सीरियल
फुरसत से एक साथ समेटकर पूरे दृश्यों को
यहाँ विज्ञापनों का दखल नहीं होगा
न ही कोई मजबूरी होगी घटना-क्रम के छूट जाने की
कथा क्रम के टूट जाने की।
शुरू किया सिलसिला देखने का
दस सीज़न चले दो सौ चालीस एपीसोडस वाले
एक धाँसू धारावाहिक की गिरफ्त में फँसने का
आभार दिया फायर स्टिक बनानेवाली कम्पनी को
जिसने स्मार्ट टी.वी. में अनुपलब्ध चैनलों को
उपलब्ध कराया था अँगूठे भर के डोंगल में।
सीज़न वन एपीसोड वन के स्क्रीन पर उभरते ही
चमक गई थीं आँखें
पहले कास्टिंग फिर फिसलते नामों की फाँखें
कहानी थी, संगीत की संगति में संवाद थे
ऐसा अनोखा तकनीकी प्रवाह था कि दिन के कीमती घंटे बीतने लगे
जरूरी कामों के रह जाने की पीड़ा बेअसर हो गई

महसूस होने लगा कि पटकथा
असर डालने का दायित्व बखूबी उठा रही है
पात्रों के गणित ठीक-ठीक बैठा रही है।
कुछ दिनों तक आनन्द की अवस्था रही
आभासी दुनिया में मन लगाने की व्यवस्था रही
फिर सब बदलने लगा
समय की बरबादी का अहसास मचलने लगा
एक शैतान नायिका
तेज तर्रार शातिर समझदार मिलती हर बार
हवा को सूँघकर करती वार बिना हथियार
एक सीधा नायक पुरुष जैसा
अबोध बालक सा अनजान परेशान हैरान
फँसता जाता शिकंजे में कुछ कर नहीं पाता
थकाहारा पर्दे पर नज़र आता।
सौ एपीसोड बीतते-बीतते जैसे युगान्त हुआ
कथा के बहाव ने किसी छोर को नहीं छुआ
प्रतीक्षा थी किसी आदर्श प्रत्यादर्श की
कुछ नवीन रचनात्मक विमर्श की
पर सीरियल था कि दिखाता ही रहा
स्त्री पात्रों की सजधज में उनका मेकअप
घनी चौड़ी भौंहों के नीचे मोटे काले काजल का टचअप
डबल एक्स एल बिन्दी नगीनों से जड़ी
रँगे-पुते नोकदार छुरी सरीखे नाखूनों की छड़ी।
वस्त्रों का खुलापन समाया था इस कदर
फैशन की दुनिया में जैसे मची हो गदर

बालों की एक लट आवारा हुई जाती थी
मेरी आँखों की जलन बढ़ा-बढ़ा जाती थी
तश्तरी बराबर अँगूठी के भार से लहराती तर्जनी
रोकती थी आगे देखने के क्रम को
पराक्रम था धीरज में कुछ और एपीसोड देख लिए गए।
स्त्री का चौकन्नापन बढ़ता रहा
नायक का लाचार चेहरा सहमता रहा
कुछ अन्य पात्र भी शिकार दिखे खुराफाती चालों के
खड्ढे गहराते गए शून्यपरक सवालों के
विचार ही तो था फिर आया
कहने लगा
कौन बनाता है इतना बेतुका ताना-बाना
क्या चाहता है प्रसारण में दिखलाना
आधी आबादी लगता है पूरी हो गई है
पूरी की चाह अब भी अधूरी है
आसमाँ के आगे जहाँ और भी हैं की खोज में
पृथ्वी कुटुम्ब हो रही है
इसीलिए केबल संस्कृति में यह सब सही है।

आजादी की पचहत्तरवीं वर्षगाँठ पर

हम हैं राही आज के
आजाद भारत के
गाते तराने देश के
मस्ती की तान के।
बीत गए पचहत्तर साल
देश की तरक्की पर
नहीं कोई सवाल
सोच-विचार चल रहा
बहुत कुछ फिसल रहा
कल थे जहाँ
अब नहीं वहाँ
दहलीज़ के बाहर
पहुँच रहे जाने कहाँ।
चाँद छुआ
मंगल को नापा
जुपिटर की भी बारी है
जल्दी ही सब देखेंगे
सूरज एक सवारी है।
सेना की आन-बान हो
उड़ते विमानों की शान हो
गीत हो संगीत हो

कर्तव्य हो या कला
सब जगह विजयी है
देश का हौसला।
त्रेता से शुरू हुआ सीता-हरण
खतम नहीं हो रहा
सोने की लंका को खोकर भी
रावण नहीं थम रहा
द्वापर का जन्मा कंस
अब भी मरा नहीं है
देवकी-सन्ततियों को मार रहा
डरा नहीं है
कौरवों-पांडवों में
जमीन की जंग जारी है
दु:शासनों का चीर-हरण
नारी-सुरक्षा पर भारी है।
क्रान्ति की मशाल जली
जागरण का आह्वान हुआ
मुगल गए अंग्रेज गए
इतिहास हो गए
दासता से मुक्ति मिली
हम आजाद हो गए
मुक्ति के संघर्ष में
भारत माँ के अनगिनत सपूत
बलिदान हो गए।
शहीदों की अमर गाथा
समय-समय पर गाई जाती है

देश पर मर-मिटने की
कसम दोहराई जाती है
चिन्ता-चिन्तन चलता है
वक्त यों ही फिसलता है
विश्व शक्ति बनने की धूम है
नेतृत्व का बदलाव
लोकतन्त्र का परफ्यूम है।

टंकारा की टंकार

जन्म हुआ टंकारा में
लेकर व्यक्तित्व असाधारण
समय था गुलामी का
बिखरे थे अनगिनत रावण।
बचपन के मूलशंकर को
लुभा सकी न शिव की भक्ति
चल दिये मिटाने दूरियों को
लगा दी अपनी सारी शक्ति।
परिव्राजक के संस्कारों ने
बना दिया एक संस्कारक
होता है सदियों-सदियों में
दयानन्द जैसा एक विचारक।।
विरजानन्द की छाया में जाना
पाणिनि और पतंजलि को
अलख जला दी देश प्रेम की
भर दिया क्रान्ति की अंजलि को।
परम्परा का सन्धान किया
आधुनिकता का सम्मान किया
स्त्री-शिक्षा का सपना देखा
नारी का उत्थान किया।

पुनर्जागरण की धरती पर
वेदों के सन्देश का वाहक
होता है सदियों-सदियों में
दयानन्द जैसा एक सुधारक।।
भारतीयता की जड़ें जमाईं
संस्कृति का विस्तार किया
पूर्वाग्रह के बन्धन तोड़े
सत्य का सन्धान किया।
जीवन के अन्तिम क्षण में
अपराधी को क्षमा का दान दिया
रूढ़ियों के मकड़जाल से
भारत का उद्धार किया।
त्याग प्रेम से पूर्ण हृदय
और वैदिक धर्म का प्रचारक
होता है सदियों-सदियों में
दयानन्द जैसा एक संचारक।।

सेहरे की सिहरन

बड़े भाग्य मेरे, द्वार बज उठी शहनाई है
वर और वधू के, गठबन्धन की बधाई है।
आगत्त के स्वागत में, आँखें भर आई हैं
जन्मों की खुशियाँ, पल भर में पाई है।
घोड़ी पर दूल्हा, माथे-सेहरा सुखदाई है
साथ चले सह बाला, शोभा अंग समाई है।
माँ पुलकित थिरक रहीं, बेटे की छवि भाई है
जनक से पिता ने, तारों की बारात सजाई है।
दो परिवारों का मिलन, होगा फलदाई है
मुँह मीठा कर लो, यह शुभ घड़ी आई है।
फूफा ने बाँधा सेहरा, लड़ी लड़ी महकाई है
बुआ के काजल में, नज़रों की उतराई है।
लाल जोड़े में दुलहन, छुई-मुई सी शरमाई है
हाथों में कंगन, और चूड़ी खनकाई है।
दादा ने अपने कुल की, रीत समझाई है
दादी बजाएँ ढोलक, बेटी घर आई है।
देवर बजाए बंशी, भाभी माँ मन भाई है
ननद नाचे ताक धिनाधिन, भाभी की मुँह दिखाई है।
माँग में दुलहन की, सम्बन्धों की गहराई है
गले का मंगलसूत्र, भावी जीवन की अगुआई है।

सात फेरे सात वचन, पाणिग्रहण की पढ़ाई है
कन्यादान कन्या के, जन्म की कमाई है।
पिता के घर से, बेटी की हुई विदाई है
नाना की लाडो अब, हो गई पराई है।
मायके के बगिया में बन्नो फुदक फुदक गाई है
ससुराल की मर्यादा, उसमें समाई है।
सास उतारे आरती, गर्व से मुसकाई है
ससुर के आशीष से, नख-शिख नहाई है।
बेटी-बहन-पत्नी-माँ, नारी धर्म की सच्चाई है
इस मधुर वेला में, दो दिलों की हुई सगाई है।
बड़े भाग्य मेरे, द्वार बज उठी शहनाई है
वर और वधू के गठबन्धन की बधाई है।

कंठ सुरो में बसो हमारे

कंठ सुरों में बसो हमारे
काया वन में सजो हमारे
करें तुम्हारी वीणा-पाणि
रोम-रोम से साधना
है यही हमारी कामना
है यही हमारी चाहना।
गो गिरा इला श्री नाम पुकारें
भाव सहज रस ताल सँवारें
करें तुम्हारी ब्रह्मचारिणी
पुलकित मन से आराधना
है यही हमारी कामना
है यही हमारी चाहना।
हंस-वाहिनी तुझे विचारें
शुभ्र धवल छवि नित्य निहारें
करे तुम्हारी सरस्वती माँ
भीगे स्वर से उपासना
है यही हमारी कामना
है यही हमारी चाहना।
शारदा ज्ञानदा रूप तुम्हारे
शरणागत को मिले सहारे
करें तुम्हारी भारती माँ
सरल सफल संकल्पना
है यही हमारी कामना
है यही हमारी चाहना।

चलते चलते

गूँज रही धरती पर सुरमयी ताल है
वक्त की अपनी निराली सी चाल है
विगत की सीखों से आगत का स्वागत है
नए-नए साल का बिखर रहा गुलाल है।

हाथों में रचकर मेंहदी लाल हुई
सुरमई रिश्तों की मीठी ताल हुई
हाथों ने ही तोड़ा-पीसा और मसला
फिर भी वह प्यार की मिसाल हुई।

साथ में अकेला हो गया है आदमी
क्या था और क्या हो गया है आदमी
दस्तूर अजब दिखा रहा दुनिया का
खुद से खुद ही बिछड़ गया है आदमी।

नींव की ईंट कीमत का हिसाब नहीं माँगती
दफनाए जाने का जवाब नहीं माँगती
सह गई है भार तनी-खड़ी इमारत का
इनसानी फितरत की किताब नहीं माँगती।

प्रत्येक क्षण का अपना दर्शन होता है
धारण करो तभी चक्र सुदर्शन होता है
दूर तक कुछ भी साथ नहीं चलता
होता नहीं पर होने का प्रदर्शन होता है।

नाखूनों को दाँतों से कुतरते देखा है
हथेली को रगड़ते-मसलते देखा है
बस दिखती नहीं नीयत आदमी की
तसवीरों को भी फ्रेम बदलते देखा है।

बहे तो गरम थे पिये तो धरम थे
सहे तो करम थे छिपे तो वहम थे
हर हाल में साथ रहे थे आँसू क्योंकि
भीतर से नरम थे बाहर से शरम थे।

दीवार के उस पार देखते थे लोग
दीदार में भी अब छुपते हैं लोग
आग और पानी में दोस्ती हो गई है
आईने में सूरतें बदलते हैं लोग।

छोटा सा दिल है धड़कता बहुत है
सूना सा मन है भटकता बहुत है
कौन कैसे कब बस जाता है इसमें
रिसता कसकता कतरता बहुत है।

जो मिला नहीं उसे हासिल करना
झूठ को व्यवहार में शामिल करना
यह हुनर हमें आया ही नहीं कभी
आता है बस अकेलेपन को कातिल करना।

जिन्दगी ने जो भी दिया
अच्छा या बुरा सहर्ष लिया
खींचकर एक बड़ी रेखा
हर लमहे को खुलकर जिया।

सुबह जिन्दगी से मुलाकात हुई
वह सामने थी यह बड़ी बात हुई
ख्वाहिश में सुकून था गजब का
फिर शाम वही खारी बरसात हुई।

इस मोड़ पर आकर रुकी आज जिन्दगी
पल-पल का हिसाब माँग रही आज जिन्दगी
पाकर भी कहाँ पूरा मिलता है कहीं कुछ
दोहरा रही भूला-भटका सबक आज जिन्दगी।

जिन्दगी की राहें आसान हो जाएँ
मोड़ों का मुड़ना भटकाव सह जाए
रुकता नहीं है कोई किसी के लिए
कितनी भी अपनी परेशानी कह जाएँ।

कुछ बातें कुछ यादें लेकर चले थे
कुछ सपने कुछ अपने सिलसिले थे
सब गडमड हो जाता है जिसके कारण
कुछ नाते ऐसे जलजले से बुलबुले थे।

वह भावना थी जो आजीवन आहत हुई
वह सम्भावना थी जो पाने की चाहत हुई
आवाज उठाई तो प्रतिरोध कहा गया
वह आलोचना थी जो अपनी बिरासत हुई।

जो रहते दिल के पास हैं वे मिलते नहीं हैं
जो रहते घर के पास हैं वे दिखते नहीं हैं
कहाँ पहुँच गए हम काल चक्र के चलते
जो बसते आसपास हैं वे कुछ कहते नहीं हैं।

जितना सरल लगता है जानना
उतना ही कठिन होता है मानना
आदमी को उसकी सम्पूर्णता में
आसान नहीं है समझना समझाना।

वक्त बड़ा बेरहम है
करता नहीं रहम है
भागता भगाता उकसाता
बन जाता मरहम है।

पल भर में कई युग जी लेते हैं
खुशी से गम भी पी लेते हैं
साथ होता है जो समझनेवाला
प्यार की कतरन को सी लेते हैं।

इच्छाओं के आगे मजबूर है आदमी
समस्याओं को लादे मजदूर है आदमी
अहम में डूबा उलझा हुआ सा
चोट करने में मशहूर है आदमी।

उदासी की भाषा है आँखों का पानी
गुपचुप सुनाए दिल की कहानी
कभी मुसकराए कभी कसमसाए
छलका जाती है दर्द की निशानी

किसी को देखकर कुछ याद आना
किसी को देखकर सब भूल जाना
तरीका है परवाह जताने का
किसी को देखकर मुसकाना।

तलाश में भटकते रहे हुए दर-बदर
मिले तो हुआ असर सर पर चढ़कर
खामोशी को खामोशी से समझना न आया
दिखावे की हँसी से दुखी रहना लगा बेहतर।

साथ रहकर खुश हों जरूरी तो नहीं
खुशी की वजह हो जरूरी तो नहीं
यह उदासीं भी अजब सा भेद रखती है
हर हँसी खुशी ही हो जरूरी तो नहीं।

बहके-बहके से अन्दाजे बयाँ जब होने लगे
यह तय है कि आप किसी के होने लगे
सबके हिस्से की जमीन एक नहीं होती
वह तो मिले नहीं खुद से दूर होने लगे।

उनकी नाराजगी सजा बनी जाती है
उनका नाम आते ही धड़कन तेज हो जाती है
लफ्जों से मनाना आता नहीं हमें
यादों से जाते नहीं फिर भी याद आती है।

चार दीवारों की छत के नीचे घर है
रहनेवाले हर शख्स के पास सर है
भाषा खो गई है उनकी आपस की
हर बात पर बस अगर मगर है।

सोचकर बोलना बोलकर सोचने से बेहतर है
शब्द की धार से बच लेना एक हुनर है
अहम से बढ़ गया है वहम आज की तारीख में
जिधर देखो उधर मिलावट का कहर है।

अपनों से जीतकर हारना मिसाल हो गया
जरूरत पर तरीकों का बदलना उबाल हो गया
चुप रहकर गुज़ार दी जिन्दगी आधी
खामोशियाँ बोलने लगीं तो बवाल हो गया।

बचपन बचा रहे बचपना नहीं
सरलता तरल बहे लचकना नहीं
खुद से भागना सम्भव नहीं है
काम बने न बने ठहरना नहीं।

बदला लेने से अच्छा है बदल जाना
साबित करने से अच्छा है पिघल जाना
एक गलती सौ सही पर भारी है
ठोकर खाने से अच्छा है संभल जाना।

सहारे ही अकसर बेसहारा करते हैं
इशारे ही अकसर पुकारा करते हैं
अकेलेपन का इलाज एकान्त नहीं है
नजारे ही अकसर सुधारा करते हैं।

प्रेम का अस्तित्व त्याग के साथ है
त्याग का अस्तित्व विराग के साथ है
खोने का डर खुश रहने नहीं देता
विराग का अस्तित्व दिमाग के साथ है।

साथी और सहयोगी के निहितार्थ अलग हैं
प्रयास और पराजय के पुरुषार्थ अलग हैं
सच्चाई हमेशा से अकेली ही रही है
सादगी और ईमान के वाच्यार्थ अलग हैं।

सब आ जाता है

जीवन की पुस्तक पढ़ते-पढ़ते
चेहरा पढ़ना आ गया
बात वहीं पर रह गई
और आगे बढ़ना आ गया।

ठोकर खाकर गिरते-गिरते
उठकर चलना आ गया
चोट वहीं पर रह गई।
और राह बदलना आ गया।

रोज पहाड़ा रटते-रटते
जोड़-घटाना आ गया
प्रश्न वहीं पर रह गए
और उत्तर देना आ गया।

सबका दुखड़ा सुनते-सुनते
सुख से रहना आ गया
खटराग वहीं पर रह गए
और बोझ उठाना आ गया।

कठिनाई को सहते-सहते
नया जमाना आ गया
कष्ट वहीं पर रह गए
और दर्द निभाना आ गया।

एक अकेले रहते-रहते
मन बहलाना आ गया
जज़्बात वहीं पर रह गए
और सोच मिटाना आ गया।

अपनी कहानी कहते-कहते
संवाद बनाना आ गया
पटकथा वहीं पर रह गई
और नाम कमाना आ गया।

अपनी नज़रों में उठते-उठते
कोशिश करना आ गया
अहसास वहीं पर रह गए
और दाम चुकाना आ गया।

गलत दिशा में चलते-चलते
पीछे मुड़ना आ गया
चाल वहीं पर रह गई
और समय बिताना आ गया।

सूनेपन को भरते-भरते
मुसकान दिखाना आ गया
मुलाकात वहीं पर रह गई
और प्यार जताना आ गया।

साँसों के संग मरते-मरते
व्यापार चलाना आ गया
उम्र वहीं पर रह गई
और बिसात बिछाना आ गया।

अन्धकार से लड़ते-लड़ते
मशाल जलाना आ गया
दीप वहीं पर रह गया
और आग लगाना आ गया।

वोट बैंक को भरते-भरते
झंडा लहराना आ गया
विवाद वहीं पर रह गए
और सरकार जिताना आ गया।

रंग रोगन के चढ़ते-चढ़ते
झूठ सजाना आ गया
असलियत वहीं पर रह गई
और सच्चाई छिपाना आ गया।

♦♦♦